新型学習塾の最先端授業 **学習×ゲーム** をおうちで体験！

勉強しなさい
より
一緒にゲームしない？

a.school《エイスクール》 代表
岩田拓真

主婦と生活社

はじめに

子どもが「夢中」になれることを増やそう

私は今、幼児から高校生までが対象の学習塾『エイスクール』を経営しています。
ちなみに塾と言っても、受験勉強のサポートをする一般的な学習塾とは違います。
ただ勉強を教えるのではなく、学ぶことへの興味関心を育て、
自分の頭で考える力や、考えたことを伝える力を磨く学習塾です。
本書のタイトルにもなっている
「一緒にゲームしない？」や、**「対決してみよう」「遊んでみよう」**
といった声かけは塾の授業の中でもよく行っています。
遊び感覚で子どもたちが夢中になって学ぶ、
そんな環境作りを大事にしているのです。
この本は、私が塾で実践している手法をもとにした
ご家庭を子どもが夢中になって学べる環境に変えるヒント集です。

そもそも従来とは違う学習塾をはじめようと思ったきっかけは、
私自身が何かに夢中になると止まらない子どもだったから。
電車にハマっていた時期は、ひたすら電車を観続けていて

そんな私を祖父はいろいろな場所に連れて行ってくれました。
将棋をはじめとするアナログゲームに夢中だった時期は、
食後に家族みんなで遊ぶ時間が何より好きでした。
自然豊かな裏山で遊ぶことに熱中していた時期もありました。
そんな子ども時代を過ごしたせいでしょうか、
中学受験の勉強にも無我夢中で取り組みました。
特に算数に対しては特別なこだわりがあり、どんな難問でも解けないと気がすまず、
解けるまで寝ないと言い張っては親を困らせたものです。
中高生時代に一番ハマったのは、パソコンとインターネット。
大学生になると、新聞を制作・発行する活動や祭りを企画・運営する活動をしたり、
旅をしながら東南アジアの若者たちと国際交流したり、
脳科学・心理学・経営学などいろいろな分野の研究室で学んだりしていました。
私の場合、教育に携わると決めて起業したのが28歳なのですが、
正直なところ、それまでに夢中になったことで、
今でも続けていることはほとんどありません。
でも、何かしらの形で今日の自分につながっていると自信をもって言えます。

将棋と算数で鍛えた思考力、いろんな遊びを通して鍛えられた企画力と挑戦する力、

世界中の人々と交流したことで得た人生観や多様性を理解する力。

「夢中」になった時間が、大人になった私の土台となっています。

今、私のまわりは「何かに夢中な人」であふれています。

自分以上に何かに夢中になっている人に出会うとワクワクします。

特に、自分があまり知らないことに人生をかけている人に出会うと、

「なぜこれを好きになったのだろう？」

「どんなきっかけがあったのかな？」

「これにどういう面白さがあるのだろう？」

「よくここまで深めてきたなぁ。どう壁を乗り越えてきたのだろう？」

と好奇心が全開になります（笑）。

何かに没頭する人というのは、

「自分が好きだから」「面白いから」「挑戦したいから」

という理由で物事に取り組んでいます。

「こうしたほうがいいよ」「普通はこうするよ」

という他者や社会の判断軸ではなく、自分の軸が優先です。

だからこそ、成功しても失敗しても、

「ああ、面白かった」「本当にやってよかった」

と肯定的に自分の過去を振り返ることができます。

私が今、**誰もが夢中になれる学びの環境作り**に挑戦する理由を少しおわかりいただけたでしょうか。

ひと昔前は、みんなと同じことをしっかり早くできる、つまり答えのある問題に対して正解を早く出せることが評価されていました。

ただ、時代は大きく変わりました。

モノがあふれ、ネットで世界中とつながり、予測不可能な出来事が増え、多様な生き方が当たり前になっています。

正解がなくなり、企業も個人も戸惑いの中にある。

そんな時代では、「同じこと」より「違うこと」のほうが価値が高くなることがあります。

物事に「夢中」になって取り組む力、その蓄積で培われるその人なりの「偏愛」、そのような個性から、答えのない課題への突破口やAIに取って代わられない仕事が生まれます。

どうすればわが子が「夢中」で生きる人になれるのか、「好きなこと」を仕事にできるのか、本書がそのような問いを深めるきっかけになれば嬉しいです。

ゲームのような学びを親子で楽しむうちに「夢中」はどんどん育ちます。

その先に、「将来」を自分で切り開いていける子の姿があるように思います。

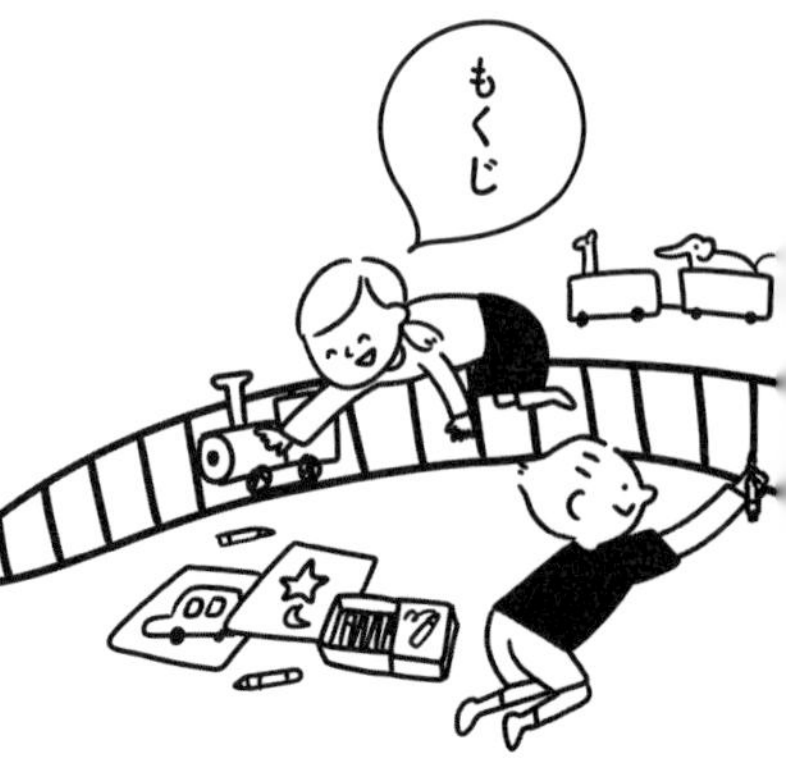

もくじ

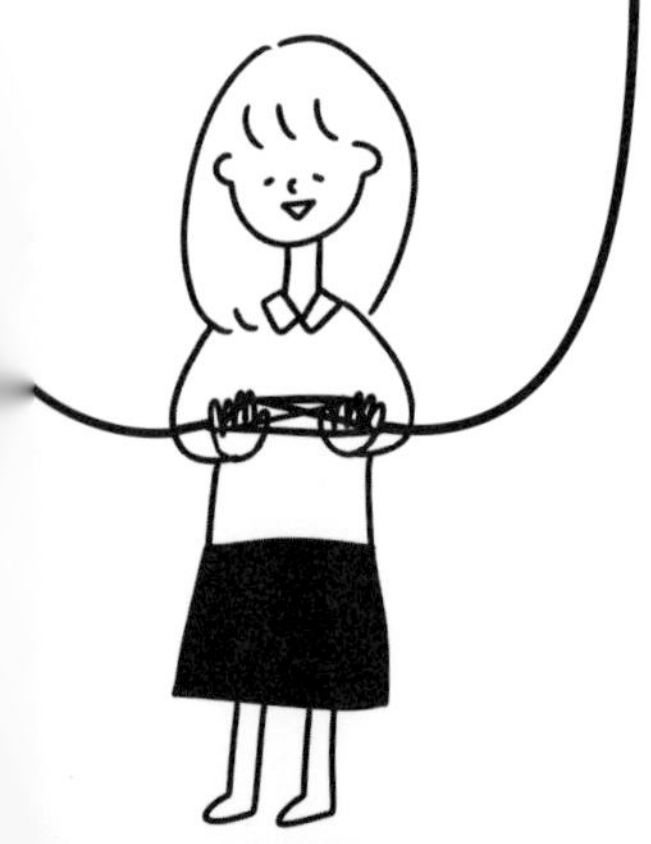

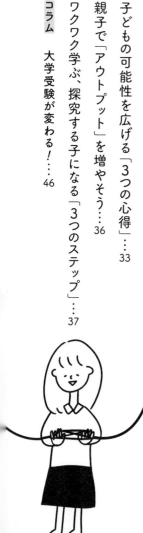

2章 実践！「学び欲」を育てる親子ゲーム30…49

3章 「好き」「得意」を伸ばす親の上手なサポートとは？

4章 親の「探究する姿」を見て、子は育つ…223

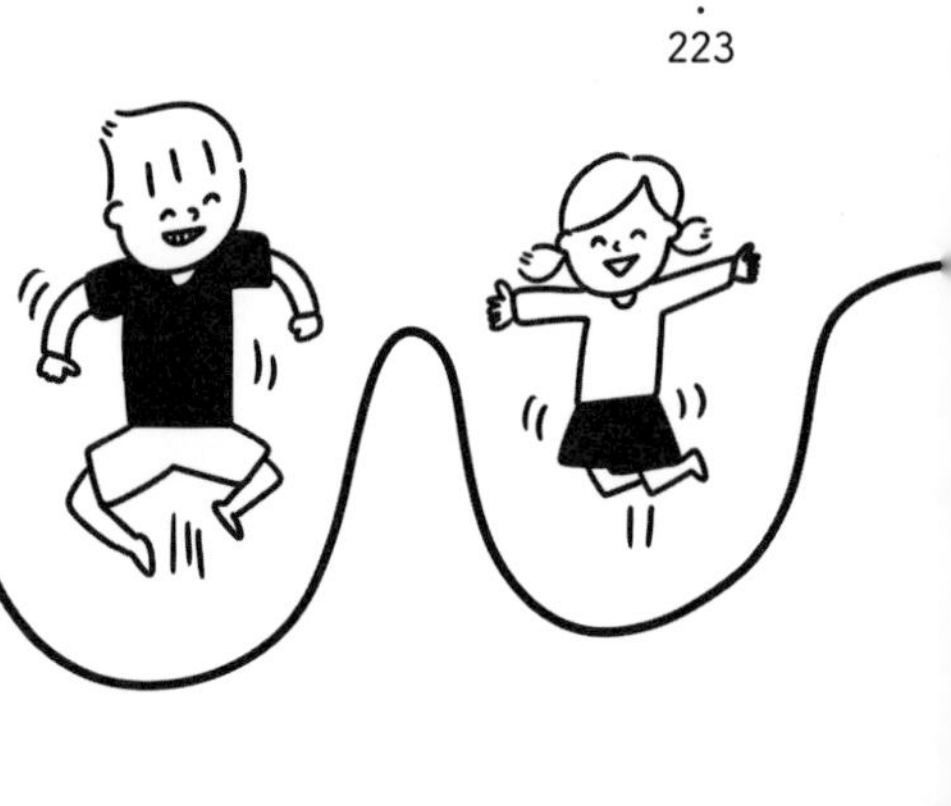

1章

「勉強しなさい」は逆効果！

家で勉強する子、しない子の格差

2020年春、誰も予想しなかった未曽有の危機が起きました。
コロナショックです。「コロナ前」「コロナ後」と言われるように、
あらゆる事柄を根底から問う機会にもなりました。

日本の教育にも大きな影響がありました。
3月はじめからの学校の休校です。教育現場は大いに混乱しました。
いつ学校が再開されるのかわからないまま、
長く不安な日々を乗り越えた親御さんには本当に頭が下がります。
子どものために自宅学習の時間割を作ったり、
書店で問題集やドリルを買い求めたり、
放っておくと勉強しない子どもをやる気にさせようと
必死に取り組まれた親御さんもいたでしょう。

コロナショックによる休校は、
「主体的に勉強する子」と、「家で勉強できない子」の
学習格差を広げてしまいました。

そして、学校が再開した今も
学びに対する意欲が変わらない限り、この学習格差は埋まりません。

私が運営する学習塾『エイスクール』では、
昨年の春休みの講座や体験イベントはすべて中止になってしまいましたが、
オンラインによるパソコン越しの授業を毎日行いました。
顔を合わせる普段の授業と勝手の違いはあるものの、
初めてのオンライン授業に子どもたちは興味津々！
いつも以上に発言が増える子や、授業後に関係することを図鑑で調べてくる子、
チャットで発言するためにタイピングを練習する低学年の子など
自主的にアクションする子も多く、授業以外の時間でも
学びに積極的に取り組んでいました。
普段から主体的に学ぶ力を身につけてきた子どもたちは、
学校の休校で気が抜けることなく、むしろ学校に行けないからこそ
「学びたい欲」が噴出したんです。

ベネッセコーポレーションが2020年5月に実施したアンケート
『家庭内でオンライン授業を受講した小学生の保護者の不満点』で

回答のトップに挙がったのは、
「**オンラインでは子どもが集中しない**」でした。
でも主体的に学ぶ力さえ身につけば、どんな緊急時であろうと
親に管理されることなく、子どもは楽しみながら自ら学びます。

では、子どもが主体的に学ぶ力を
どうやって引き出し、どのように伸ばせばいいのか。
ご自宅で子どもに勉強してほしいと思ったとき、
あなたは、何と声をかけますか？

「遊び」と「学び」に境界線はない

「遊んでいないで勉強しなさい！」
とお子さんを叱ったことはありませんか？

遊びと勉強はよく正反対の意味で使われますが、
実は、遊びと学びに境界線はありません。
ちょっと考えてみてください。

次に挙げるものは、「勉強」でしょうか？
それとも、「遊び」でしょうか？

・新しい料理の作り方を覚えること
・電車の路線図を書き写すこと
・変な動物の名前を暗記すること
・トランプゲームの勝ちにこだわること

どれも学校で習う教科に当てはまりませんし、
社会で必須の知識や能力とは言えません。
「勉強」というよりも、「遊び」に含まれるようにも思えます。

では「勉強」とはなんでしょうか？　「遊び」とはなんでしょうか？
私はこう考えています。

勉強　＝　新しいことを習得するための活動
遊び　＝　面白い、楽しい、など心を満足させるための活動

この定義に当てはめると、料理も、電車の路線図も、変な動物も、トランプも
すべて「勉強」であり「遊び」になります。
計算ドリルが楽しくて仕方ない人にとっては、計算ドリルが遊びになる。
マンガでたくさんの知識を得ている人や、
トランプで戦略的に考える力が鍛えられている人にとっては、
マンガもトランプも、遊びであり学びです。
世の中の研究者の多くは、遊びのようにワクワクしながら研究するし、
プロのクリエイターも、旅行や外出先で企画やアイデアを思いつくため、
「**アイデアを発想することは、仕事であり遊び**」などと言います。

勉強と遊びをイコールに近づけていくための
キーワードは「夢中」です。
子どもの「**夢中になって勉強する**」状態は、
「**やりたい！**」「**面白そう！**」という純粋な興味を
きっかけに作っていくことができます。
そのためにはまず、
親が「遊び」と「学び」を切り分けないで考えることが必要になります。

なかなか難しいことかもしれませんが、
頭をやわらかくして考えてみてください。

学びの「ゲーム化」で自ら勉強する子に！

「〇〇ちゃんはすごいね。親が何も言わなくても自分から勉強していて」

「うちの子は全然勉強しないのよ」

こうした会話に聞き覚えはありませんか？

小学生のお母さんたちの間では定番のやりとりですね。

たしかに、勉強に集中できる子、勉強が好きな子がいる一方で、
なかなか集中できない子や勉強嫌いな子がいます。

その差はどこで生まれるのでしょう。親としては気になるところですよね。

子どもが夢中になって続けてしまうものとして代表的なのは
「友達と遊ぶこと」や「ゲーム」だと思います。
親心としては、どうやってこうした遊びの時間を減らして
学校の勉強をさせようか……と悩むところですが、
子どもからしてみると、

好きなことをする時間を減らして、嫌いなことをするのはやはり苦痛です。

「遊ぶのと同じぐらい夢中になって勉強に打ち込んでくれたら、学校の成績もきっと伸びるのに……」

そんな思いで、ついガミガミと「勉強しなさい」と言ってしまうと、子どもは素直に机に向かうどころか、むしろ反発して勉強から遠ざかる。

かといって、何も言わなければ遊んでばかりいる。

きっと親であれば誰しも思い当たる節があると思います。

ではいったいどうしたら良いのでしょうか？

結論から言うと、

「遊ぶぐらい夢中になって勉強に打ち込む」きっかけを親が作ってあげることが重要です。

そのために行うのが、**「学び」のゲーム化**。

これは、子どもの感覚としては遊びでありながら、結果として学びになっているという状態。

遊んでいるうちに自然と主体的に学ぶ姿勢が育ち、学校の勉強への向き合い方も変わり、成績も良くなっていきます。

遊びやゲームで成績が伸びる？

そんなムシの良い話はありえないと思うかもしれません。
しかし、この本でいうゲームとは、
ゲーム機器を使ったいわゆるデジタルゲームではなく、
リアルな世界で身体や頭を目一杯使って、
五感を研ぎ澄ませながら体験する
ルールがある遊びのことです。

「学び」のゲーム化にはひと工夫が必要です。
まず、親が遊びを否定しないこと。
学びの効果を最大化するには、
夢中になって遊ぶ気持ちを優先する必要があるからです。

英語の「study（勉強する）」の語源は
「studious（夢中になる・打ち込む）」です。
勉強や学びが子どもにとって文字通り
「夢中になって打ち込む」ものになりさえすれば、
親に何も言われなくても、宿題がなかろうが、学校が休校になろうが、
自ら勝手に学び続けて、結果もついてくるのです。

「探究」という新しい注目ワード！

「夢中になって打ち込む」
この状態を、今の教育界のホットワードに言い換えると、
「探究」という言葉になります。

「夢中になって打ち込む」＝「探究」

今、教育界では、この「探究」が注目されています。
なぜなら、2022年度から新しく導入される高等学校学習指導要領の中で、「探究」という名のつく科目がたくさん新設されるからです。
数学と理科に関する探究的科目として「理数探究基礎」「理数探究」、地理歴史科には、「日本史探究」「世界史探究」「地理探究」、国語に「古典探究」という科目が新設されます。（※いずれも選択科目）
また必修科目である「総合的な学習の時間」は、「総合的な探究の時間」と名称が変わります。

要項では「探究」について、
〈自ら課題を発見し、その課題を解決するためのプロセスを体験しながら実社会に通用するような資質・能力を育てる学習〉と説明されています。

言い換えると「探究（＝夢中で学ぶ姿勢）」とは、
これからの時代に必要な力であり、主体的に人生を切り拓いていく力です。

ぜひこの「探究」という言葉を覚えておいてください。
これから、今まで以上に耳にする機会が多くなるはずです。

エイスクールでは２０１３年の創業時から、「探究」をテーマに
子どもの学ぶ意欲、学び続ける力を育んできました。
子どもの探究力を伸ばすには、なによりも主体性が大切になるため、
いわゆる勉強らしい勉強を強いるのは逆効果です。
だから、

学びのゲーム化で、
「勉強」と「遊び」をつなぎ合わせるのです。

子どもは誰しも、夢中になって遊ぶという才能を持っています。
この才能を活かしながら、ストレスなく探究力をつけ、
成績アップにつなげられるよう、後押ししましょう。
では、具体的にどのように学びのゲーム化をしたらよいのか、
エイスクールのちょっと変わった「算数」と「国語」の授業の様子をご紹介します。

新型学習塾の「ゲーム化した授業」とは？

楽しく計算！　「コンビニ店長」になりきる算数の授業

「コンビニに売っているもの、どれだけ知ってる？

　5分間で書けるだけ書いてみて！」

「はいはい！……水！」

「おにぎり！」

「電池！」

「ジュース！」

「ぬいぐるみ！」

「チョコ！」

「花火！」

「バナナ！」

子どもたちの元気な声が四方八方から響きます。

「はい、じゃああと5秒ね。5、4、3、2、1、はい、終了です！　いくつ出せた？」

この日、**エイスクールの授業『おしごと算数〜コンビニ店長〜』**に集まったのは、小学1〜4年生18人、5〜6年生が2人の合計20人。

3〜4人ごとにひとつのチームを作り、大学生がサポート役でフォローにつきます。

「どんなものが出ましたか？」

「えっと、チーズ、焼きそば、ヨーグルト、肉まん、おにぎり、絆創膏、ティッシュ、爪切り、コーヒー……」

「いいねいいね、みんな結構コンビニに詳しいね。じゃあ、みんなそれぞれの商品の値段を知っていますか？ぼくが5種類クイズを出すので、何円くらいか当ててみてください。ひとつめ、おにぎり1個の値段はいくら？当たったチームは5ポイント！ ポイントを競っていきますよ」

「112円！」

「120円！」

「166円！」

「答えは、大体100円から150円です。どうかな？ 当たった？つづいて、ファッション雑誌の値段はいくらくらいでしょうか？」

「250円！」

「550円！」

「350円！」

「答えは…700円から1000円です！」
「ええー！　たかーい！」

子どもたちは身近な商品の値段をかなり把握している一方、なじみのない商品は実際の値段とはかけ離れた予想をしがちです。

「じゃあ、この『コンビニ商品値段予想シート』に

さっきみんなが挙げた商品の値段を予想して、書いてみて」

「これ、お菓子って書いてあるけど、お菓子も幅広いじゃん？

どんなお菓子？　おでんは50円？　300円？

ふたつの意見があるけど、どっちが正しいと思う？」

大学生メンター（＝学びの伴走者）が子どもたちのフォローに活躍しています。

「ヨーグルトはいくら？」

「1000円！」

「書けたかな？　あとでお店に行って、値段を確かめてみようね」

この後、実際にコンビニに行って、ヨーグルトの値段が200円程度だと知り、その子は「え？　こんなに安いんだ！」と驚いていました。

このように、教科書に載るただの数字ではなく、

日常生活の中に登場する「ものの値段」に目を向けるのが

この「コンビニ店長」の授業の特徴です。

そして、**授業の最大の目玉は、チームごとにコンビニの店長になりきって、売上・利益を競い合う経営ゲームです。**

商品を仕入れるためのお金として1チームに1万円が与えられ、お店の場所や天気予報などのニュースを参考に、何を仕入れるかを決めて売っていきます。

仕入れることができる商品は、おにぎり、肉まん、アイス、お茶、スポーツドリンク、傘の6つ。

明日の天気は講師が振ったサイコロで「晴れ」「曇り」「雨」と決まります。

店の立地もチームごとに異なり、学校の近く、公園のそば、オフィス街など売れる商品が天気や場所によって違うことを意識させます。


例えば、明日は晴れてお客さんがたくさん来そうだから、仕入れは「おにぎり5個、肉まん2つ」にしようかな、と決めて、「仕入れシート（仕入れたものと売れたものを書く用紙）」に書いていきます。

「〇〇くん、仕入れ値が1個50円のおにぎりは5個でいくら？」

「250円！」

「そう！　仕入れる数が決まったらシートに全部の商品の合計金額を書いて、お金をぼくに持ってきてください。お金と引き換えに、商品のカードをあげます。例えば、結果として、おにぎりが3個売れたら、売上と利益はどうなる？　おにぎりの売値は1個１００円だから、売上は……」

「売上は３００円で、そこから２５０円を引いた50円が利益になる」

「うん、正解！　もし2個しか売れなかったら、売上が２００円だから、50円の損になります。

そういう計算結果を『収支管理シート（売上金額と仕入金額を書く用紙）』に書いてね。６つの商品の売れ行きを全部計算して、利益を増やせるかが勝負です！」


このように、子どもたちは少しずつ、消費者側ではなく、コンビニ店長の側に視点を移し、仕事のイメージを掴んでいきます。

準備ができたら、コンビニ店長のゲームをスタート！

子どもたちの目はどんどん本気になっていきます。

「明日は降水確率0％で晴れだから、公園にお花見のお客さんたくさん来そうだよね？　おにぎりとかお茶とか売れそうじゃない？」

「どっちも5個仕入れる！　アイスクリームも！」

「涼しくてあんまり売れなそうだから、お茶は3個にしよう！」

「3個？　昨日の在庫もあるから、もっと少なくてもいいんじゃない？」


同じ状況でも、大胆な作戦を立てる子もいれば、堅実的な作戦を立てる子もいて、それぞれのチームでは仕入れに関する議論がどんどん活発に。

予想が当たれば「やったー！」と大喜びでハイタッチし、外れたら「くそー」と落ち込む子どもたち。


この売れる数の予想、結果の振り返り、改善の繰り返しが「コンビニ店長」の仕事の醍醐味ですが、
実はこのゲームを通じて、子どもたちは大量の計算を行っています。

「おにぎり3個、肉まんが1個、お茶が2個、傘が4つ売れたから、売上は全部で……」

「仕入れはいくらだっけ？　あ、1220円か。売上が1410円だから、利益は…」

ドリルに換算すると何十問、何百問にもなりそうな膨大な計算を数時間のコンビニ店長ゲームを通じて行うのですが、子どもたちはあまりつらそうではありません。

「うわー、今日めっちゃ計算したわ。疲れたけど、一瞬だった！」

「最初はこんなにたくさん計算するなんて嫌だと思ったけど、どのくらい売れそうとか売れたとかの計算だったから楽しかった」

「計算ってお店をやるのに大事なんだって実感した」

など、やりきった表情で感想を話してくれます。

エイスクールの授業のひとつ、「コンビニ店長」は、商売の疑似体験を通じて、子どもたちが自然と計算に慣れ親しんでいくワークです。

学校や塾の算数では、計算ドリルなどに取り組むことも多いと思いますが、機械的な反復練習を継続するのはなかなかつらいもの。

そこで「コンビニ店長」では、実践的な収支管理表を用いて、利益トップを目指して夢中になるうちに仕入管理・売上・利益の算出からおつりの計算など、どんなときに計算が役立つのかを実感しながら、楽しく計算力がつくように授業を設計しています。

計算力に加えて、天気・季節やニュースなどのヒントから、売れ行きを予測する「先読み力」など、算数だけで終わらない学びも提供しています。

楽しく書ける！　「ジャーナリスト」になりきる国語の授業

「昔話の桃太郎のおはなし、覚えているかな？　実は、桃太郎が鬼を退治した翌日、こんな新聞が発行されていたんです。知っていますか？」

「えー、何それ？」

「物語は知っているけれど、新聞は知らないよ！」

そんなやりとりから、エイスクールの国語の授業、文章を書くことを楽しみながら探究する『なりきりラボ～ジャーナリスト（記者）～』が始まりました。

まず、子どもたちにこんな新聞が配られます。

『**桃太郎　ついに鬼退治に成功**。
昨夜8時ごろ、桃太郎率いる桃太郎一行は鬼ヶ島のわるい鬼を退治し、村から盗まれた宝物を取り返した。わるい鬼を退治するために鬼ヶ島に出かけた桃太郎は、自ら刀を振りかざし、勇敢に鬼と戦った。「日本一の桃太郎」の名に恥じぬ大活躍で、鬼が盗んだと思われる宝物を取り返すことに成功した。
また戦いには旅の途中で仲間になったイヌ、サル、キジらも参加した』

記事を読み終わったタイミングで

「では、鬼ヶ島やイヌ・サル・キジの世界では、どんな新聞が出ていたと思う？　想像して書いてみよう！」

というミッションを子どもたちに提示します。

「好きな新聞を書いていいよ！」と伝えると、

「鬼新聞が書きたい！」

「私はキジ新聞かな」

「ぼく、イヌ新聞にする」

と、一人ひとり自分が書きたい新聞を選んでいきます。

学校で作文の宿題が出たときに、

「やったー、書きたい！」と言う子はほとんどいませんが、この授業ではみんな積極的に鉛筆を動かしていきます。

「どんな記事を書こうかなー」

とニヤニヤしている表情も生き生きしています。

そうしてできた記事はさまざま。

『鬼2匹殺害　桃太郎のしわざか!?』

『何者かにより襲撃　約20名が重体』

といったショッキングな見出しの鬼新聞の記事もあれば、

『鬼ヶ島の戦い　キジ大活躍』

『快挙　鬼ヶ島へ鳥類初上陸』

など、キジの活躍や働きに注目した記事を書いた子もいました。


「うわー、本当の記事っぽい！」

「そんな記事の書き方もできるのかぁ、面白い！」

と、他の子の書いた記事を読んで、視点が変われば記事の内容も変わるんだということを体感します。


他にも、「接続詞カルタ」というカードを使って、言葉のスキルを磨くゲームを行います。

これは、**決められたお題に対して、20種類の接続詞が書かれたカードを引いて、文を作るというゲームです。**

制限時間内にいくつの文をつなげることができるかを競います。

例えば、

「**コロナの影響で学校が長い間休みになった**」というお題だと、
↓「**そのため**」↓「家族と一緒にたくさんの時間を過ごせた」
↓「**しかし**」↓「夏休みが短くなってしまったのは最悪だ」
↓「**ただし**」↓「お父さんがずっと家にいて、遊べたのはよかった」
↓「**したがって**」↓「公園でサッカーをする時間が増えた」
などとつなげていきます。

このゲームをやるうちに、制限時間内に考えられる文の数が増えます。いろいろなお題に対して、自分の考えや感想がスムーズに出てくるようになると、苦労せずに作文を書けるようになり、文章の質も向上していきます。

そして、約1か月かけてさまざまな課題に取り組んだあと、子どもたちが最後に挑戦するのが、自分の身の回りの出来事や興味関心のあることを記事にする、『じぶん新聞制作』のミッションです。

記事を通じてどんなことを伝えたいかという構想から、独自の取材、文章全体の構成、写真や表も含めた記事レイアウト、執筆と校正まで、書く仕事の全体をまるごと体感することに重きを置いて、国語だけで終わらない学びを得られるように設計しています。

子どもの可能性を広げる「3つの心得」

いかがでしたか？　このように算数や国語といった科目を仕事に紐づけ、遊びの要素を加えることで子どもたちの好奇心や夢中を引き出すのがエイスクールの探究授業です。

2章では、おうちの中で親子一緒にできるこうしたゲーム式の学びをたくさんご紹介します。

その前に、子どもの学びをサポートする親御さんに覚えておいてほしい3つの心得があります。

①「ワクワク！（の気持ち）を大切に」

ワクワクとは、自発的に夢中になって学ぶモチベーションのことです。

本人はただやりたくてやっているだけ。

「コンビニ店長」の授業のように、
算数の学びをゲームとして楽しむのもワクワクの仕掛けです。

②「答えはいろいろ。とにかく試してみよう」

大人になって社会に出ると、学校で出される問題とは違い、問題の答えはひとつとは限りません。答えのない問いに取り組むときに**大事なのは、間違いを恐れずに何度も試してみること。**

学校の問題に慣れた子どもたちは
自分なりのアイデアを考えたり、意見を言ったりすることに不慣れで、他の子の発言や行動を真似しようとしたり、「どうしたらいいの？」と具体的なやり方を質問したりしがちです。
でもそれは、考える力がないというより、
自分の考えを他人に伝えることへの恐れ
「**間違うのではないか**」「**批判されるのではないか**」
という気持ちによるところが大きいのです。

その心理的な壁を取り払ってあげることが必要です。

答えのない問いに向き合えるようになるまでには、エイスクールに通う子どもたちでも半年〜1年くらいかかります。

それでも、自分なりに考える練習を繰り返していくと、

「答えはいろいろ。とにかく試してみよう」

が当たり前になっていきます。

③ 「人のいいねを見つけて違いを楽しもう」

人は自分と違う考えや行動に、違和感やマイナスの感情を抱いてしまいがち。
それは大人も子どもも一緒です。
でも、自分と同じ考えの人とだけ付き合っても、成長できません。
「違い」は、自分の可能性を広げてくれる貴重なきっかけ。
自由な発言を受け入れる力がつくと、
子どもたちはますます学びに対して前向きになっていきます。

① **「なぜ？　ワクワク！（の気持ち）を大切に」**
② **「答えはいろいろ。とにかく試してみよう」**
③ **「人のいいねを見つけて違いを楽しもう」**

これら3つの力がつくと、
子どもたちはどんどん自主的に学び、行動するようになります。

エイスクールでは、「起業家・経営者」の授業を受けた後、
商売にハマって、自分で作ったアクセサリーやコーヒーを売り続ける子、
「ユーチューバー」の授業を受けた後、好きな電車に関する動画投稿を続ける子など
ハマるものこそ違えど夢中で学び続ける子どもたちの姿をみてきました。
それぞれが心の赴くまま自由に学び、行動する姿。
これが本来の学びのありかただと思います。

親子で「アウトプット」を増やそう

もう一つ大切なことがあります。
子どもが「アウトプット」するチャンスを増やしてあげることです。

知識を身につける学びを「インプット」といいますが、
今の時代、本や映画、ドキュメンタリー作品からユーチューブ番組まで、
良質なインプット材料があふれています。

一方で、**自分なりの考えを深めたり、新しい物事を生み出したり、知識を活かす学び「アウトプット」**を習得できる機会は多くありません。

学校の勉強も、塾の勉強も、教科書や参考書の内容を習得することが中心。
小学生から中高生までインプット過多でアウトプット不足の生活が続きます。
それが、大人になってから、仕事のやり方に悩む人が少なくない理由です。

本来、何か知識を得たら確かめたくなるものですし、
新しく身につけたスキルは実践したくなるものです。
大切なのは、**インプットとアウトプットを交互に繰り返す学び**です。
アウトプットするうちに、情報をより深く理解できたり、スキルが磨かれたり、
その実践を通じて、新しい興味関心が生まれたりもするでしょう。
まさに、**「知る・考える・動く」のサイクル**がどんどんまわっている状態です。

ワクワク学ぶ、探究する子になる「3つのステップ」

では、子どもはどのように「探究する子」になっていくのでしょうか。
3つのステップでご紹介します。

STEP 1

「やりたい！」「面白そう！」からスタート

とにかく子どもが「面白そう！」「やってみたい！」と反応することを尊重して見守ってください。すべての「探究（夢中で学ぶ姿勢）」は、子どもの「遊び」から始まります。

残念ながら、親が意図的に「させたこと」は、ほとんど「探究」には結びつきません。

子どもが何かの遊びに没頭する姿を見たとき、**「これがこの子の学びにつながるだろうか？」**と勉強を過度に意識せず、見守るくらいがちょうどよかったりします。

どんなことでも、まずは遊び感覚で始まるもの。その遊びを繰り返すうちにワクワク学んでいる状態に到達していきます。

「探究」の対象は学校の勉強に限りません。

スポーツや趣味も、立派な探究につながります。

この探究をさまざまなトピックスに広げていけば、
学びの可能性はいくらでも広がっていくのです。

たとえば、こんなイメージです。
トランプが大好きで家族で七並べをよくやっていたA君。
何度も何度も遊んでいるうち、
「最初はこういうカードの出し方をしたほうがいい」
「こっちよりあっちを出したほうが勝ちやすいのではないか」
と自分なりに戦略を考えるようになりました。
勝負の後にお父さんとも、
「あのタイミングでダイヤの3ではなくて
スペードのジャックを出していたら勝てたのにね」
と戦略の振り返りもするようになっていきます。
そんなとき、算数パズルの問題集で、サイコロの目と確率・場合分けの問題と出会う。
「あれ、これって七並べをしながら
なんとなく考えていたことと同じかも？」

「**なるほどー、こういうことだったんだ！**」
やがて確率そのものに興味が出て、
お母さんに「数の不思議」についていろいろなストーリーが載っている本を買ってもらい、
気付けば、算数も得意になっていきました。

これが、遊びから学びに転じるひとつの具体例です。
A君にとっては、今では算数の勉強をするのも遊びの感覚かもしれません。
「数の不思議についての本がほしい」と子どもが言ってきたら、
喜んで買ってあげる親は多いでしょうし、
その後、算数の問題を解くのが好きになっていけば理想的ですよね。
このように「遊び→学び」になっていくこともあれば、
逆に「学び→遊び」のケースもあります。

B君は、計算ドリルや漢字ドリルなどの同じ作業を繰り返す勉強が大嫌いでした。
ドリルによる反復学習は、たしかに学びの定着効果がありますが、
淡々と続けることは大人でもなかなか難しいもの。
そこで、ゲーム好きのB君は、そのころ夢中になっていた
「冒険もののロールプレイングゲームのルール」

を勉強に持ち込むことを思いつきます。

基本的なルールはふたつです。

- **一定時間勉強したら、ポイントゲット**
- **一定ポイントがたまったら、レベルアップ**

とてもシンプルですが、
ドリルのページの難易度ごとにポイント配分を変えたり、
レベルが上がるほどに、たくさんのポイントが必要になるなど、
ロールプレイングゲームのルールを忠実に再現して設計していました。

さらに、ちゃっかりとレベルアップの度にお母さんからのご褒美がもらえるルール作りも。
結果的に毎日計画的に勉強するようになり、
勉強のゲーム化は効果抜群。当然、学力も上がっていきました。

これをお読みになっている親御さんのなかにも、

「テストで80点以上取ったらご褒美をあげるよ」

など、勉強とご褒美をひもづけたことのある方がいると思います。

しかし、それは親が子どもに勉強を「させている」枠組みから出ません。

ポイントは、あくまでも子ども自身が楽しんで勉強する仕組みを

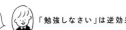

自発的に作り、夢中になったということ。

繰り返しになりますが、
すべての「探究（＝夢中で学ぶ姿勢）」は、子どもの「遊び」から始まるのです。

遊びが勉強に、勉強が遊びになっていくには、時間がかかります。

では、A君がトランプに、B君がロールプレイングゲームにひたすら熱中している時期、親はどのように子どもの遊びを捉えるとよいのでしょう？

「**遊んでばかりいないで勉強してほしい**」

と気を揉んでしまうのもよくわかります。


アップルの創業者のスティーブ・ジョブズはこう言っています。

「**コネクティング・ザ・ドッツ（点と点をつなぐ）**」

「**先を見て点をつなげることはできない。できるのは過去を振り返って、点をつなげることだけだ。だから将来、その点がつながることを信じなければならない。点がつながって道となることを信じることで心に確信を持てる。たとえ人と違う道を歩むことになっても、信じることだ**」

ジョブズが言うように、何と何がどのようにつながって、望ましい未来が開けるかはわかりません。

しかし、「やりたい！」「面白そう！」を起点に、ワクワク学ぶ経験をたくさんした子どもは、「自分から始める経験＝いい経験」と強く記憶に残り、その後も「主体的な学び」を繰り返すようになります。

子どもの「夢中」がさまざまな将来の「可能性」につながっていく過程を信じて見守ってあげてください。

夢中になって取り組み、学ぶ楽しさを知ることで、未来の可能性、将来の選択肢は広がっていくのです。

STEP 2 難易度は実力の「2割増し」に！

子どもが「やりたい！」「面白そう！」と始めたことに、「夢中になれる（＝探究できる）」かどうかの分かれ道は、難易度や自由度です。

具体的には、
子どもの実力の「2割増し」が目安。
がんばって何度かチャレンジすれば
成功できるというレベル感が夢中になりやすいです。

ちなみに、ゲームに夢中になる子どもが多いのは、
そのレベル設計が絶妙だからです。
子どもがワクワク何かにハマり始めた後、壁にぶつかってしまったら、
難易度や自由度がその子にあっているか見てあげてください。
学ぶ対象が没頭できるテーマ・内容であり、
難易度・自由度のレベルがちょうど良ければ、
あとは、自分なりに挑戦し、勝手に学びを深めていきます。

STEP3 「やった！」が、「もっともっと！」を生む

挑戦をクリアすることで得られる達成感に味をしめると、
「もっともっと！」という向上心も生まれてきます。

「面白そう！」↓「やった！」↓「もっともっと！」

このサイクルを繰り返すごとに取り組む対象への興味関心が深まり、チャレンジが高度になって、学びの吸収力が高まり、吸収量も増えていきます。

エイスクールには、先に紹介した「コンビニ店長」や「ジャーナリスト」といったプロになりきって仕事を体験する「なりきりラボ」「おしごと算数」という授業があります。

このうち「営業・販売」の授業に出たS君は、相手のニーズをつかんだ提案で結果を出し、（やった！）いろんな場面で活用するようになりました。（もっともっと！）

グループワークでは、まず他の人の考えを聞く姿勢が身につき、日常のコミュニケーションでも、自分の「こうしたい」を押し通すのではなく、「相手のニーズ」を受け止めてから発言するようになったのです。

S君は日々、楽しんで実践を繰り返していました。

これが、達成感を原動力にして、探究サイクルが上手く回っていく過程です。

大学受験が変わる！

2020年から始まった教育改革で変化した点が大きく2つあります。学校での学び方と、大学入試です。学校での学び方は今まで、知識を身につけることが重視されていましたが、思考力や判断力・表現力の習得や学びに向かう姿勢や意欲の向上も明確な目標として組み込まれました。

授業のスタイルも大きく変わります。今までは先生が一方通行的に教科書の内容を教え、生徒が吸収する形が中心でしたが、生徒が自分で主体的に面白いと思うことを選んで学んだり、先生と、もしくは生徒同士で議論したり、相互に学ぶスタイルに変わります。先にご紹介した「探究」と名のつく科目が新しくできるのも、この変革の一環です。

そのほか、「英語」や「プログラミング」の教育も強化されます。英語は、小学校から必修化され、読む・聞くというインプットだけでなく、話す・書くというアウトプットも加わって4技能型になるのが大きな変化です。

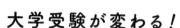

それにともない、大学受験も変わります。センター入試がなくなり、2021年1月から大学入学共通テストが導入されました。一番の変化のポイントは、知識や解法の暗記のみで解答できるような問題が減少し、長文の文章やグラフ・図表など情報をじっくり読み取って分析する必要のある問題が増えたことです。

採点の負荷や公平性の観点から延期されてしまいましたが、国語・数学での記述式問題の導入や英語での民間検定試験の活用なども検討されており、今後さらに変化していくかもしれません。

大学各校独自の試験では、面接・自己推薦書・小論文・学校の調査書などをより重視する方向性になっています。勉強以外にどういうことをやってきたか、自分がこれからやりたいことや関心のあることは何か、といった問いに自分の言葉でどこまで表現できるか、が入試で問われます。これまでＡＯ入試と一般入試がありましたが、いわゆるＡＯ入試的な要素が一般入試に統合されていくようなイメージです。

進学先の大学を選ぶとき、これまでは偏差値を基準にする子が多かったと思います。もちろん行きたい学部などは興味関心によって選んでいたと思いますが、「自分が本当に大学でやりたいことは何か」ということを十分に突き詰めることができる子は少なかったのではないでしょうか。普段から自分の興味関心に向き合い深掘りすることができると、今後の入試でも力を発揮できますし、社会に出たときにも自分が選んだ道で活躍しやすくなるでしょう。

実践！「学び欲」を育てる親子ゲーム30

ゲームをはじめる前に

この章では、日常のあらゆることをゲーム化することで
学びを深めていく方法をご紹介します。
数字や漢字をクイズにしてみたり、
理科の実験をするように料理をしてみたり、
思考力や表現力が育つものづくりをしてみたり、
親子で楽しくゲーム感覚で遊ぶうちに、
結果として多くのことを学ぶようになっていきます。
これから紹介する30のゲームに取り組むうえで
大事なポイントは、
「勉強につなげよう！」と身構えないこと。
いくら「一緒にゲームしない？」と誘ってみても、
親の「学ばせよう！」という気持ちが前面に出てしまうと、
子どもは「やらされている」という
強制力を感じ取ってしまいます。
「よしやるぞ！」と気合いを入れる必要はありません。
子どもと一緒になって楽しむ気持ちで、肩の力を抜いて
気軽に日常生活に取り入れてみてください。
あらゆるものごとをゲーム化してみる習慣が身についたら、
「自分から学ぶ子」「夢中で学びを深める子」に近づきますよ。

ゲームの注意点

どこから読んでもＯＫです。

最初から順に試そうとせず、
好きなゲームからはじめてください。

全部やろうと思わないでください。

子どもにも好き嫌いがあります。
お子さんの興味関心、得意なこと、苦手なこと
にも注目しながら、お子さんが夢中になれる
ゲームを探してみてください。

楽しんで学ぶ体験が何より大切です。

各ゲームにある「声のかけ方」を参考に、
最初は親がゲームを仕切ってあげましょう。
ゲームごとに「役立つ教科」や「身につく力」も
紹介していますが、すぐに効果が出るものでは
ありません。何度も遊ぶうちに学びの土台が
できると思ってください。
身体や頭、五感を刺激する遊びの体験が、
後に知識として教わるさまざまなことの
素地となり、理解が深まりますよ。

game 1

食レポチャレンジ

ルール

テレビ番組でタレントが食レポしている様子をイメージして、見た目はどうなっているか、噛んだときの音や食感はどうか、親子でレポート対決！

「このスープは口に運ぶと最初ふわっとキノコのにおいを感じます。かぼちゃのもっちり感がおいしくて、スプーンが止まりません！」など、子どもに先に食レポしてもらったら、親も実際に食べてみましょう。スタジオで感想を言い合うコメンテーターのように親も一緒にレポートすると盛り上がります。

きょうだいや家族で『だれの表現が一番近いか選手権』『変わった表現をしてみよう選手権』などと名付けて競いあうのもおすすめ！　外食で普段あまり食べない食材に出会ったときもチャンスです。

表現の仕方を工夫して、レポートするときの話し方にも感情を込めると、楽しみながら「表現力」も身につきますよ。

初めてのタピオカ
んん？ 味がしませんねえ!!
やわらかいけど噛み応えもあっておもちみたい!!

う〜ん… カエルの卵みたいにプニプニで〜ゆで過ぎたパスタの食感がしますねえ♪
独特の表現…

声のかけ方

どんな味がする？
においは？

食べた瞬間、
どう思った？

他のものに
例えると？

食感や見た目
はどうかな？

ポイント

- 「土の香り」「雨の日のにおい」「綿あめみたい」
  など、他のものに例える。（比喩）
- 「パリパリ」「サクッ」「コリコリ」
  など食感を表現。（擬音語＝オノマトペ）
- 「ねっとり」「べちゃべちゃ」「ふわふわ」
  など形状を表現。（擬態語）

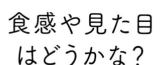

この教科が伸びる！

国語

記述式問題、作文、
読書感想文、論文、
詩や俳句

感覚を言葉にする力

食べ物の味や食感という形のないものを言葉にする力がつくと、
自分の考えや感じていることを言葉にすることが上手になります。
「言葉にする力」は人とのコミュニケーションをスムーズにするので、
子どものうちから鍛えることで、将来仕事をする場面でも、
コミュニケーション力、プレゼン力を発揮できるようになります。

応用ゲーム

**食事だけでなく、感覚的な体験をレポート！
猫をなでたとき、どんな手触りだったか、
ボールを蹴ったとき、どんな音がしたか、など
体験したことを言葉で表現してみましょう。**

game 2

ぴったり計算レジ

ルール

親子で一緒にスーパーへ買い物に行ったとき、かごに入れた商品の値段を暗算で足し算して、レジで支払う合計金額を予想するゲーム！

会計前に子どもに合計金額を発表してもらって、レジで合計額が出る瞬間、答え合わせのドキドキ感も一緒に楽しんでください。合計額が「ぴったり」だったら、成功です。もし、金額が違っていたら、レシートでおさらいをして、どこで間違えたのか検証してもらいましょう。

まずはコンビニで購入点数２～３つから始め、慣れてきたら、スーパーで購入点数約10点、合計3000円くらいのレベルに上げるなど、段階を踏むと良いですよ。

きょうだいがいれば、どのくらい正確に計算できたかを競いあうのもおすすめ。毎回「ぴったりレジをしてくれて助かるよ♪」と声かけをすると、前回よりも正解に近づけるために頑張ろうと張り切ってくれますよ。

今日もぴったりレジお願い
オッケー!!
話しかけないでね-!
237円入れるよ〜
650円+237円…
2542円!!でしょ!?
2542円になります…すごいね
ヨッシャー!!

声のかけ方

今日は3000円しかお金がないけど、足りるかな？

1000円より多い？少ない？

あといくら使っても大丈夫そう？

どうしたら、もっと正確に計算できそう？

ポイント

- 子どもの計算力によって難易度を調整する。
- 暗算が難しそうであれば、最初は紙とペンを渡して、書きながら計算してもらう。
- 家電量販店などでは大きい金額で「ぴったりレジ」をするチャンス！

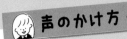

この教科が伸びる！

算数

足し算、暗算力、
数字への慣れ

足し算の計算力、暗算力

小さなころから日常的に数字と触れ合うことで、算数への苦手意識がなくなります。計算も暗算も一生使える力です。同時に、スーパーの買い物中という短い時間で数字を記憶しておくことにもなるので、短期記憶力も養えます。「豆腐は3丁で100円だったら、お買い得!」など、金銭感覚も自然と身につきます。

応用ゲーム

ぴったり1000円お買い物にチャレンジ！

誰が1000円ぴったりの買い物をできるか競うことで、カゴの中の商品を足し算するだけでなく、「残り〜かな？」と予算1000円との差を引き算で求める訓練にもなります。金額を変えて難易度の調整もしてみてください。

game 3

野菜でカタチ予想

ルール

台所で料理をするシーンで、野菜を切る前にどんなカタチや切り口（断面）になるかを子どもに予想してもらうゲーム！

たとえば、ニンジンは縦に包丁を入れると、その断面は三角形になります。横に切れば、円に、斜めに切れば楕円になりますよね。

また、茎側を横に切ると大きな円になり、先端にいくほど円は小さくなっていきます。

切る食材、場所や方向をいろいろ変えながらクイズを出したり、断面の模様がどうなっているか、空洞になっているか、種がつまっているか、など野菜の特徴も理科の視点で観察してみましょう。

料理の時間に子どもと対話をしながら、疑問に思うことをどんどん引き出してあげてください。

ニンジンを切ったら
どんな形になる？
小人さんの
帽子みたい
さんかく？
円すいだから
切ると円!!
大きさは
全部そろうかな？
だんだん
太くなるから
円も
大きくなる！
わ〜♪
小さい丸と
大きい丸!!
切り口は
どんな模様？
中は白!!
まわりは
濃いオレンジ
なんで白いのかなあ？
後で調べてみようっと

声のかけ方

ここを切ると、どんな形になるかな？

どんな模様と色になってる？

他にどんな切り方をするといいだろう？

何か気づいたことある？

ポイント

- 切る位置・角度によって、断面の形や面積が変わるのを体感する。
- 切り口を写真に撮って、後から見返してさまざまな形を比べてみる。
- 空洞や種の数、断面の模様、色の違いなど野菜の特徴に注目する。

この教科が伸びる！

算数

空間図形
展開図・投影図

理科

植物のしくみ

こんな力がUP！

空間図形の認識力

モノの立体的な形状や位置関係などを認識する力が伸ばせます。

小学校高学年の算数で展開図・投影図について学ぶとき、この体験が理解を助けてくれるでしょう。日常生活でもモノの形を観察するようになり、図形的な特徴を理解できるようになります。

また、野菜の断面の中に水が通る道を見つけて、自然物の形への関心が高まると、理科への関心にもつながります。疑問に思ったことはゲームの後で調べる癖もつけてあげると、学びが広がりますよ。

応用ゲーム

いろいろな野菜の形とその理由を予想するクイズ！
例えば、なぜにんじんは円すいなのか、
なぜキャベツは葉が何枚も重なっているか、
生育環境によってどんな変化があるのか、
理科の視点で探究を深めてみてください。

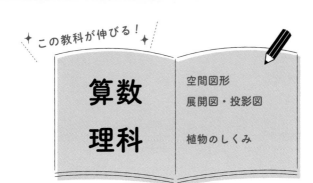

game 4

浮くかな？　沈むかな？

ルール

お湯や水を張った浴槽に文具やおもちゃ、野菜など様々なものを入れてみて、「これは浮くかな？　沈むかな？」と予想をクイズにしたうえで実験するゲーム！

親子でお風呂にいろんなものを持ち込んだら、残り湯を活用して試してみましょう。実際にやってみると、必ずしも大きくて重いものが沈むわけではないことがわかるはず。浮くか沈むかは実は密度に左右されるため、やってみなければ答えはわかりません。きっと盛り上がりますよ。

プラスチック、ゴム、硬貨など、素材の違うものを探してきて実験するのもおすすめ。

大人でも正解を当てられるとは限らないので、子どもと一緒にゲーム感覚で楽しみましょう。

きゅうり浮いたね！
さつまいもとかぼちゃはどうかな？
重いからどっちも沈む
試してみようか
あれ？かぼちゃ浮いてる!?
浮くか沈むかは重さじゃないみたいだね

声のかけ方

どれが浮きそう？重さと関係あるかな？

薄いものと厚いもの、どっちが浮く？

浮いたものに共通点はある？

浮き輪はなんで浮くんだろう？

ポイント

- 「サツマイモなど、土の中で育つ根菜」は沈みやすく、「キャベツなど、土の上に出ているもの」は浮きやすいなど、同じカテゴリのいろいろなもので試すと面白い。
- 浴槽の下まで沈むものや、真ん中くらいまで沈むものがあるので、浮き方や沈み方の程度も観察してみる。

この教科が伸びる！

理科

浮力、密度、
実験の方法、
比較の考え方

こんな力がUP！

浮力の考え方

小学校高学年になると、理科の授業で浮力について学びますが、
そのときに頭で理解するだけでなく、実際にモノを浮かべて遊んだ経験が、
「これ知ってる！　やったことある！」と役立ちます。
また、浮くものと沈むものを感覚的に知っておくことで、
モノの密度を想像する理科の視点が身につきますよ。

応用ゲーム

「お風呂に入ると、お湯の高さが何cm上がるか？」を予想するゲーム！　お父さんが入ると何cm上がる？　お母さんは？」と予想して、実際に定規で測って確かめてみましょう。

人だけでなく、浴槽に沈むものでお湯の高さが何cm上がるかを考えると、容積についても体感的に学べます。

game 5

産地収集マッピング

ルール

その日スーパーで買ってきた食材の産地をおうちでチェックし、白地図に食材の名前を書き込んだり、シールを貼ったりしながら、オリジナルマップを作り「全都道府県制覇」を目指すゲーム！

長く続けていると、白地図がどんどん埋まっていくため、「次は愛知県を埋めたい！」「北陸で石川県だけがなかなか埋まらないな…」と、家族で白熱しながら地理の学びが深まります。

自分の家で買っているもの、自分の好きな食べ物がどの都道府県産のものが多いのか、意識することで今住んでいるところ以外の都道府県に愛着が湧いたり、食材の産地、気候や風土による特産品の違いにも詳しくなります。習慣化することで学習効果が生まれるので、楽しく続けましょう。

陸地や国などの輪郭のみを線で描いた大きな白地図は、文房具店やインターネットで購入できます。

わが家は北海道が好きみたいです

声のかけ方

○○県は日本地図だと、どこかな？

どの産地のものをよく買ってる？

野菜はどこの地域が多いかな？　フルーツは？

○○県のもの、今度何が買えそう？

ポイント

- 地理を覚えるだけでなく、産地の情報を調べて豆知識も書き込んでみる。
- 「なぜ自分たちがその産地のものをよく買っているのか」理由を探る。
- それぞれの食材がどんな気候で育つのか考えてみる。
- 野菜は赤、魚は青など、食材ごとに色の違うシールを貼ると、産地の傾向がわかり、情報整理のスキルも身につく。

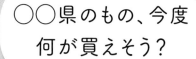

この教科が伸びる！

社会

地理、
地域の特徴・名産、
都道府県の名称・位置

日本の地理の見方

通常は自分の暮らしている都道府県以外、親しみを感じにくいものですが、日々食べている身近なものから産地の都道府県に興味関心を広げられます。社会（地理）の単元で「都道府県名」や「地域の名産」を教わるときも、ただの暗記でなく、この遊びの体験と結びつけて理解できるようになります。マッピングすると、「北海道はじゃがいもが育つ風土だ」など、生産地の傾向がわかり、全国各地の状況を広い視野で考察できるようになります。

応用ゲーム

「輸入食品の産地マッピング」に挑戦！

世界地図を用意して、海外から輸入しているものの産地を世界地図に書き込んで、日本を飛び出し、世界にも思いを馳せてみましょう！

game 6

かおみっけ！

ルール

上から見たり、横から見たり、逆さにしてみたり、家の中や町中で、草木、花、食べ物などを見ていて、模様や形が「顔」に見えるものを探すゲーム！「顔」に見えたら、なんでもOK。見つけたら「みっけ！」と親子で教え合ってみよう。

「今から10分で顔を何個見つけられるか競争」など、状況にあわせて、盛り上がる設定を工夫しましょう。一緒にやることで発見の幅も広がりますし、「さっきタンスのところを探していたのに、先に言われたー！」などと刺激を受けて、夢中になっていくはず。あともう少しで「顔」になるんだけどな…、というときは、ペットボトルをひとつ付け加えて鼻にしてみたり、要素を加えることで「顔」を作っても楽しいですよ。

「顔」の写真を撮って記録したり、見つけた顔にタイトルをつけると国語力やコピーライティング力もつきます。インスタに載せ、収集するのもいいですね。

わが家は「かお」探しに夢中です
かおみっけ♪
僕もみっけ！
本当だ!!
パシャ
みっけ！こんなお顔
こんなところにも….
缶の飲み口
非常ベル
パンジーの花
「かおみっけー」インスタを始めてみたら…
フォロワー1万人超えた!?
見せて見せて!!

声のかけ方

植物でも、建物でも
顔に見えるならなんでもいいよ

あ、そこ、顔に見えるね!
気づかなかった!

どんなところに
顔が多そうかな?

あの顔にタイトルを
つけるなら?

ポイント

- 顔に見える、見えないを楽しむ気持ちで対話しながら一緒に探す。
- まっすぐ見たら? 横から見たら? など、視点を変える。
- ビルなどの大きいものや、足元の小さいものに注目するなど、視点を変える。

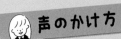

この教科が伸びる！

図工	観察力、発想力、発明力
国語	コピーライティング力

ものを多角的に見る力・発想の転換力

ものの見方を柔軟にしてみることで、発想を転換する力が身につきます。勉強で問題を解くことに行き詰まったときや、将来仕事をするときに、状況を打開する姿勢にもつながります。ものを多角的に見る力がつくことで、発想力・発明力もつきます。例えば、普段便利に使っている付せんも、もともとは粘着力が弱い失敗品だったものに新しい使い方を見つけたことで大ヒットした商品。このように、身の回りのものを「何かで代用できないかな？」と考える癖もつけると、発明力がぐんぐん伸びますよ！

応用ゲーム

家にないものをあるもので代用して作るゲーム。例えば、「なべつかみがない」とき、「軍手に使い古したタオル生地をくっつけて熱を通さないようにしたら？」など、あるものを活用する方法を自由に考えると、発明欲が刺激されます！

game 7

こっそり指令ババ抜き

ルール

トランプのババ抜きをするときに、「○○が手元に来たら××せよ！」という指令を事前に紙に書き、指令を交換し合ってから遊ぶ、縛り付きのババ抜き。どんな指令を出したら、有利にゲームを進められるかをよく考えて、心理戦を楽しみましょう。

まず、プレイヤー全員が、それぞれ１枚の紙に自分が勝つために役立つ指令を１つ書きます。例えば、「手持ちのカードのうち、偶数のものを左側に、奇数のものを右側に並べる」「ジョーカーを引いたら向かいの人にウィンクする」など。指令を書いた紙をプレイヤー全員でランダムに引きましょう。指令を確認したら、トランプを配り、ババ抜きを始めます。

誰がどの指令カードを引いたかわからないので、プレイヤーの行動や顔色をうかがいながら、勝ちを目指してください。緊張感のあるゲームですが、ちょっと笑える指令を交ぜるのも良いスパイスになりますよ。

“××がきたら○○せよ”って指令でいこう
書けたら裏返して出してね

引いた指令カードを確認中…
うわ これ きついなぁ
なるほど いい作戦ね~
ジョーカーがきたらおさるさんのかお
ジョーカーがきたら必ず右はしに置け
英字カードがきたら、他のカードより高く持て
数字カードがきたら、左から小さい順に並べよ

……
パパどうしたの?!
変な顔~!!

声のかけ方

ジョーカーが来たら〇〇する、
という指令を考えてみたら？

何がわかったら、
有利になるかな？

他の人が気づかない
指令ってどんなもの？

他の人を惑わす
指令って？

ポイント

- 必ず負けてしまう、必ず勝ってしまう直接的な指令はNG。
- 何がわかったら、ゲームを進めるうえでヒントになるかを考える。
- 勝ちやすい作戦、負けにくい作戦を考える。

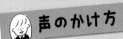

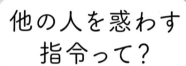

この教科が伸びる！

プログラミング

動きの組み合わせ、
順序を考える力

プログラミング的思考力

プログラミングの基本である「もしXXなら○○」という指令の考え方を体感的に身につけることができます。また、冷静かつ論理的にゲームの構造や作戦を分析するのも、プログラミング的思考の必須要素です。

「どういう情報があれば（仮説）」「自分が有利になるか（求める結果）」を紐づけて考える練習は、社会に出てからも役に立つはずです。

戦略的に考える力、状況をあらかじめ想像する力も身につきます。

応用ゲーム

「指令でドキドキ、宝さがし」ゲーム！
おうちのどこかに宝を隠し、
指令書をたどると見つけられるというもの。
５枚の紙にひとつずつ指令を書き、
ひとつクリアすると次の指令書へ導かれ、
最後に宝にたどり着くよう考えます。

game 8

最高の目玉焼き発見ロード

ルール

自分にとっての最高の目玉焼きを追求するゲーム！　目玉焼きはシンプルな調理ながら、火の強さ、火を入れる時間、油の種類、水を入れるか入れないか、ふたをするかしないか、など条件によって、出来上がりが少しずつ変わりますよね。

「前回は弱火の5分で少し柔らかすぎたよね？　もっと固くするなら、今回は火の強さを変えてみる？」と、子どもをリードしながら、理科の実験感覚で条件を変えながら、楽しみましょう。

2回目以降は、作り始める前に前回の目玉焼きがどうだったかをおさらいして、「改善するための作戦」を予想してから実験を行うと、出来上がりまでわくわくできて、学習効果も高まります。

出来上がったら、見た目の状態（黄身の色など）や食感（黄身や白身はトロトロかホロホロか）も次回の参考のためにしっかり記録しておくのがおすすめ！

今日の目玉焼き 白いとこ パリパリ…
中火5分で 焼いたけど、油の量も 多いのかな〜?
別の日
今日はお水 入れてみる?
中火 5分で お水
ジュ〜
お味はどう?
ぷりぷり 半熟♫ 美味しい!!
僕は もう少し 黄身を固めたい… 1秒単位で変えて みたいなぁ
道のりは長いわね…

声のかけ方

火にかける時間を変えてみる？

ふたはする？しない？

水を入れる量を変えてみる？

他に何を変えてみるといいだろう？

ポイント

- 要素は同時にふたつ以上変えると、どちらが結果に影響したか判別できなくなるため、前回の調理法から条件をひとつだけ変えるようにする。
- 実験後、見た目の状態（黄身の色など）や食感（黄身や白身はトロトロかホロホロか）などもしっかり記録に残して、次回の実験につなげる。

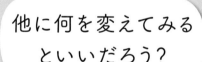

この教科が伸びる！

理科

実験の方法、
比較の考え方、
原因・結果を分析
する力

こんな力が
UP！

条件を変えて比較実験する力

条件を変えて比較実験する力を伸ばすことで、
なにか問題があったときに当てずっぽうではなく、
要素に分解して本当の原因を探る力がつきます。
これは勉強だけでなく、何か問題が起きたときに正しい解決策を
導くことにつながるので、スポーツの上達、将来的には仕事の仕方など、
さまざまな場面で役立つ力です。

応用ゲーム

お菓子（クッキー・ケーキ）や飲み物（お茶・紅茶）など、
さまざまな料理で比較実験！　シンプルな調理法の
ものがおすすめ。材料や水の量、火入れの時間など
条件を変えて、「最高の〇〇」を追求してみましょう。

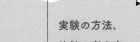

game 9

今日の気持ち・行動クイズ

ルール

今日の出来事を題材にして、「そのときどんな気持ちだったか？」「そのあとどんな行動をしたか？」について親子で問題を出し合うクイズ！

「今日、お父さんの昼食は1000円以上だった。○か×か？」「今日、ぼくは学校でこんなことがありました。それに対して先生は何と言ったでしょう？」など、クイズの答え合わせをしながら、出来事の詳細や、なぜそういう行動をしたか、詳しく話し合ってみましょう！

時には選択式のクイズも交ぜてみるのがおすすめ。「今日こんなことがありました。お父さんはどう感じたでしょう？　①驚いた　②悲しんだ　③冷静になった　④何も感じなかった」「私がアニメの中で好きなシーンは次の４つのうちどれでしょう？　①戦闘シーン　②のどかなシーン　③変身シーン」など。日常の家族の会話に刺激をもたらしたり、話しにくいことも話しやすくなる効果も。家族や友人の日常に関心を持ち、お互いのことをよく知るきっかけにしましょう。

いつもは電車に乗るけど、今日は1駅歩きました どうしてでしょう？
パパは最近おなかがたぬきさんだから!!
う〜ん 今日は月末でしょ？ お小遣いがピンチだから！

どっちも正解!! よく見てるわ〜 感心、感心!!
大正解
すごいなぁ…

声のかけ方

4択問題を作ってみよう

○○することを選んだのは、なぜでしょう？

どんな理由で○○したでしょう？

『うれしい』って、どんな『うれしい』？

ポイント

- 同じ出来事でも、人によって感じることが違うことを知ってもらう。
- 表面的な喜怒哀楽だけでなく、どんな喜びや怒りだったのか、詳細を話し合う。
- 相手のそのときの状況や気持ちを想像するクセをつける。

この教科が伸びる！

国語

読解力、想像力、
表現力

こんな力がUP！

相手の心理や行動を想像する力

同じシチュエーションでも、人によって感じることはさまざま。

でも、子どものうちは自分以外の人の気持ちを客観的に想像することがなかなかできません。このゲームは、他の人の気持ちに思いを馳せることができ、相手を尊重する気持ちが生まれます。

また、自分の気持ちや考えたことを相手に伝える練習になるので、繰り返し行うことで、コミュニケーション力とプレゼン力も身につきますよ。

応用ゲーム

「動物の今の気持ち・行動クイズ」！　動物園に行ったとき動物の今の気持ちや、この後どんな行動をするかを家族で予想。帰宅してから、動物図鑑や専門書で気になったことを答え合わせすると、学びが深まります。

game 10

推理翻訳

ルール

町中にある案内板や、旅先で手にするパンフレットの中には、日本語と一緒に多言語で書かれているものもたくさんあります。英文を見つけたとき、探偵になりきって、「日本語の説明文に対応する英語はどこの部分だろう？」と、推理するように予想するゲーム！

子どもが推理に悩んだら、3択クイズにしてみたり、知っている単語や単語の位置、カタカナで聞き覚えがありそうな単語など、ヒントを出しながら、正解に導いてあげてください。

とくに観光地には日本語と併記している外国語を多く見つけられるので、旅先は、推理翻訳のチャンスです。

答えを調べる前に必ず自分で推理しましょう。そのうえで、スマートフォンで調べて正しいかどうか答え合わせをします。その習慣をつけることで言葉の力がつきますよ。

突然ですが問題です！この案内板の「足元」にあたる言葉はどれでしょうか？
滑りやすいので足元にご注意下さい
Please watch your steps.
ス…スー 英語はね たぶんこれ ステップアップとかのStep？
正解ー!! すごいね!!
Please watch your steps.
注意は…位置的にこれ？
ウォッ…チ？ でも見るって意味だよね？
いい推理だねぇ♫ 注意するって意味もあるんだね
ase watch your s

声のかけ方

この英文で、○○の意味にあたるのはどこかな？

駅の看板のこの部分は、どんな意味だろう？

どうしてそう推理したの？

町中で、英語を探してみよう

ポイント

- 「どう推理したのか」を子どもに聞いて、当てずっぽうでなく、理由のある推理をするよう促す。
- Google翻訳や、調べたい文字を写真に撮るだけで翻訳できるアプリも答え合わせに活用する。

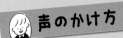

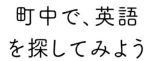

この教科が伸びる！

英語

長文読解力、単語力

こんな力がUP！

文脈からの意味推理力

子どもに限らず、わからないものには身構えてしまいがちですが、
推理翻訳によって、知らない言葉へのアレルギーをなくします。
また、中学生以降、大学入試に至るまで英語の長文読解テストは頻出します。
英語を習う前に、言葉を読み解く素地ができるため、
知らない単語が出てきたときにも、あきらめずに文脈から意味を
読み取ることができるようになりますよ。

応用ゲーム

**英語に限らず、日常で日本語以外の言語を見たら、
意味を推理！　中国語は字の形から
想像してみるのも面白いですよ。
親もわからない場合があると思いますが、
子どもと一緒に推理を楽しんでください。**

game 11

ナンバープレート10ゲーム

ルール

自動車のナンバープレートの４つの数字と（　）を使って、四則演算（＋－×÷）の答えを10にするゲーム！

家族で車移動しているときに前を走る車や、道を歩いているとき通った車のナンバープレートをチェックして、４桁の数字を使って遊びましょう。

ルールは、４つの数字のみを使って、答えが10になるような計算式（足し算・引き算・掛け算・割り算の組み合わせ）を考えるというもの。

４つの数字の順番を入れ替えたり、どれかを使わなかったり、そこにない新しい数字を加えたりするのはＮＧです。

家族みんなで協力して、考えられる計算式のパターンをたくさん作ってみましょう。

ナンバープレート10ゲームのチャンス!!
えっと…4、6、8、7でしょ
+と−より×と÷を優先するのが計算ルールだったよね
4×6=24 8で割ると…3!やった!! あとは7足して10!!
4×6÷8+7=10
あ、もっと簡単なのもあった 4+6×(8−7)=10
( )を使うと計算式の幅が広がるね
パズルみたいで面白いね♪

声のかけ方

まずは足し算と引き算だけで考えてみたら？

答えが10になる計算ってどんな場合があるかな？

次のパーキングまでにみんなで協力して3つ作ろう！

（　）を使うと、パターンが増やせるかな？

ポイント

- 「このナンバー、足し算と割り算だけで10になるよ」など、最初は子どもにヒントを与えて試行錯誤を促す。
- 「どんなふうに考えたの？」と計算式を考えた手順を振り返って、言葉にしてもらう。
- 子どもが苦戦していたら、「数字をひとつだけ使わなくてもOK」などのルールを加えて難易度を下げる。

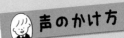

この教科が伸びる！

算数

四則演算、逆算力

四則演算、逆算的に考える力

求める答え（ここでは10）に対して四則演算を組み合わせて計算式を考えることは、通常の算数の問題（式があって答えを求める）の方法とは逆のやり方で、計算問題の応用力が身につきます。中学、高校、大学受験の応用問題では、逆算して考える問題や、空白を設けた虫食い計算問題が頻出します。また、算数を中心に、すぐに解法が思いつかないような応用問題に対して、答えを導くための逆算的な発想力がゲーム感覚で鍛えられますよ。

応用ゲーム

電話番号を使って少し難易度の高い「電話番号10ゲーム」！　競うことでやる気が出る子どもの場合は、家族で協力するのでなく、「家族の中で誰が一番最初に計算式を作れるか」を勝負するのもおすすめです。

game 12

漢字ツクール

ルール

漢字の意味や読み方、へんやつくりを学んで、シャレを効かせたオリジナル漢字を作って遊ぶゲーム！

まずは、へんやつくりの特徴を活かしたオリジナル漢字作りに挑戦。「国や囚、固、団のように、口（くにがまえ）を使った新しい漢字を考えてみよう！」。中にどんな漢字を入れると、新しい意味の漢字が作れそうか、家族でアイデアを出し合ってみてください。

慣れてきたら、外来語、カタカナ言葉のオリジナル漢字作りも盛り上がりますよ。「ロケットっていう漢字があったらどんな形かな？」など、お題を決めて架空の漢字を想像してみましょう。誰が一番みんなを笑わせたり、驚かせる漢字を作れたかを競い合うのもおすすめ。

創作のヒントを調べる過程で、実際にある漢字の勉強になります。漢字を何度も書いて覚えるのは大変ですが、漢字の意味から考えることで、苦手意識を減らしながら、漢字に親しみを持つこともできますよ。

木・林・森って漢字は「木」の数で意味が変わるだけだね
単純だなー
その法則を使って新しい漢字作ってみたい？
面白いねえ 例えば「人」なら……
ソーシャルディスタンス
密です
子どもがいっぱいで大家族!!
お米2つで
大盛り
3つで
メガ盛り
!!
くにがまえを使った漢字は？「囚われる」は中に人が入ってるね
虫を中に入れて
むしかご
魚を入れて、
水族館
言うを入れて
ひみつ
！
家を入れたら
ステイホーム
だ!
パパが一番ノリノリ……(笑)

声のかけ方

どんな言葉の漢字を考えてみたい？

まずは色々
作ってみよう

意味から考えると、
何へんが合うと思う？

シンプルな漢字かな？　画数が多い複雑な漢字かな？

ポイント

- 「こんな漢字を作ってみたけど、もっといいのあるかな？」「〇〇だったらどんな漢字かな？」と親が架空の漢字をいくつか準備して、子どもに例を見せてきっかけを作る。
- まずは「人」という漢字、または「にんべん」を使うと意味にひもづけやすくて簡単。
- 漢字のへんやつくりなら、にんべん、くさかんむり、くにがまえなどの簡単な選択肢でヒントを見せる。

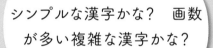

この教科が伸びる！

国語

漢字、語彙力

こんな力がUP！

漢字の成り立ちと意味を考える力

漢字がなぜそういう形をしているのか、成り立ちや構造を知ることで、関心と理解が深まります。「国という漢字は玉（王様）が真ん中にいて、城壁に守られているっていう意味なんだ！」など、架空の漢字を作る過程で、今ある漢字の意味を知ると、その面白さに気づき、もっと知りたい欲があふれてきます。共通のへんやつくりを持つものでグルーピングしてみることで、まとめて漢字を覚えられますよ。架空の漢字を作ることで、今ある知識を活かして新しいアイデアを生み出す練習にもなります。

応用ゲーム

**「この漢字、なんて読むでしょう？クイズ」に挑戦！

架空の漢字を先に作って、お互いに予想し合ったあと「どういう意味でこのへんやつくりを使ったの？」と聞いてください。または、既にある漢字を組み合わせ、新しい意味や読み方の二字熟語を考えるのもおすすめ。**

game 13

光の的当てゲーム

ルール

暗い部屋に置いたお菓子の空箱などを的に見立てて、日当たりのいい部屋の窓辺から、手鏡や腕時計などで日光を反射させて的に当てるゲーム。

１枚の鏡で当てる（反射１回）のが初級編。２枚以上の鏡を使う（反射２回以上）のが中級編です。

２枚以上の鏡を使うときは光のバケツリレーのように、親子で協力してやってみましょう。

持ち運べる鏡が少ない場合は、プラスチックの下敷きなど、鏡の代わりに反射できそうなものを使ってください。

「的」にしたものにメッセージを書いて、光を当てると読めるようにしても楽しめますよ。

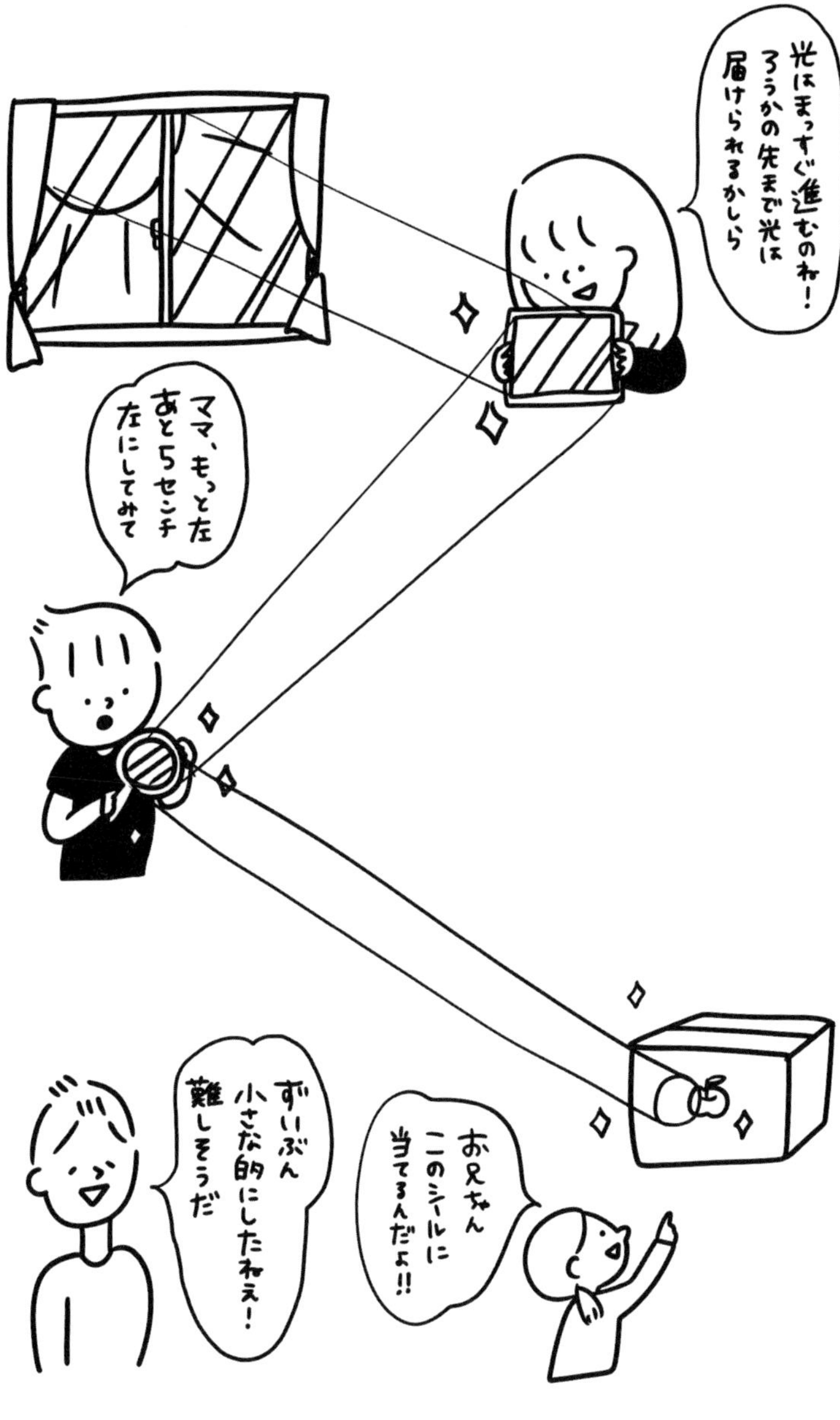
光はまっすぐ進むのね! ろうかの先まで光は届けられるかしら
ママ、もっと左 あと5センチ 左にしてみて
お兄ちゃん このシールに 当てるんだよ!!
ずいぶん 小さな的にしたねえ! 難しそうだ

声のかけ方

鏡を使って、奥の部屋のあの箱まで光を当てられるかな？

人の目に当てると危ないから気をつけよう！

2枚の鏡を使って、うまく光を曲げてみよう！

光ってどんなふうに反射する？

ポイント

- 使う鏡の大きさによってゲームの難易度が変わる。
- スタート地点から角を曲がらないと届かない場所にゴールを設定すると、光の反射の原理をよく体験できる。

※光が目に入らないように気をつけましょう。

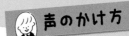

この教科が伸びる！

理科

光の性質

こんな力がUP！

光の性質の理解

理科の光の単元で「入射角」「反射角」の理論を学びますが、実際に現象として先に体感しておくことで、知識を教わったときに理解が深まります。

また、鏡の角度を変えると光の軌道もすぐ変わるため、試行錯誤するトレーニングにもなりますよ。カメラ、顕微鏡、液晶ディスプレイの光学フィルム、光量子コンピュータの仕組みにも光の原理が使われているので、もし子どもが光に興味を持つようなら、掘り下げて学びを促してみてください。

応用ゲーム

テレビのリモコンを反射させてスイッチを入れるゲーム！

テレビやエアコンは赤外線で指令を送っているので、まっすぐ向けなくてもスイッチが入りますが、少し離れた別の部屋からなら鏡に反射させてスイッチを入れる遊びができますよ。

game 14

おすすめカード作り

ルール

最近読んだ本の中で面白かったものや、自分が大好きな本を選び、手書きのおすすめカード（POP＝書店に置いてあるような、本に興味を持ってもらうための紙）を作る遊び。

家の中に「おすすめ本コーナー」を作って、子どものおすすめ本だけでなく、お父さん・お母さんのおすすめ本も置いてみましょう！

おすすめカードを作る過程で、自然と読んだ本の感想や考えを整理することができます。印象に残るキャッチコピーを考えたり、ビジュアルの工夫をこらすのもおすすめ。さらにその内容を家族で発表し合うことで考えや視点を深めることができます。

毎月１回おすすめ本を紹介し合うと、家族一人ひとりの「好き」のポイントがお互いにわかって家族のコミュニケーションにも役立ちますよ。

今月のおすすめ本決まった？
うん♫
まだ秘密♪
わが家は毎月
おすすめ本を入れ替えます
七夕のお願いごとみたいだなぁ…
ハチこうみたいな犬がかえますように
全米じゃなくて、ぼくが泣いた！他人に流されないカッコよさ
しゃれが効いてる…

声のかけ方

どこが面白かった？

どう書いたら、他の人にも読んでもらえるかな？

他の本にない良さってなに？

どんなキャッチコピーをつける？

ポイント

- おすすめカードを書く前に、要点を箇条書きにしてみる。
- 実際の書店に置いてあるカードを観察して、どのように表現したらよいか、より伝わるかを研究する。
- 文章を考えるだけでなく、ビジュアルで目を引くように、色ペンを使ったり、ハサミで可愛らしく切ってみる。

この教科が伸びる！

国語	プレゼン力、語彙力、言葉の表現力
図工	絵で表現する力

要点を整理する力

限られた用紙サイズの中に「おすすめ」のポイントを書くことで、自分の中で要点を整理し、言葉で表現する力がつきます。

何かを他者に説明するとき、短い時間でしっかり伝えることができるようになります。これは人と円滑なコミュニケーションができることにもつながり、大人になっても役立ちます。読み手の立場を想像して見栄えも工夫することで、言葉だけでなくビジュアルで表現する力もつきますよ。

応用ゲーム

「キャッチコピー対決」！　例えば、「バナナが嫌いなお母さんがバナナ食べてみようかな…と思うようなキャッチコピーは？」などの題材を決め、一番良いキャッチコピーを誰が作れるか勝負してみましょう。（回答例「疲れている朝にピッタリ」「罠に使える」）

game 15

初耳ことば想像ゲーム

ルール

知らない言葉の意味を想像しながら創作したり、知らない言葉の本当の意味を当てるゲーム！

街中を歩いているとき、本を読んでいるとき、テレビやYouTubeなどを見ているときなどに出てきた〝知らない言葉〟について、子どもから「〇〇ってどんな意味？」と聞かれたら、すぐに答えを言わずに、「どんな意味だと思う？　想像してみて！」と声かけをしましょう。

言葉の字面や音（読み方）から、似た言葉がないか探って予想したり、その言葉が使われる場面を想像するように促すと、子どもの頭がフル回転します。

言葉を想像するゲームにして、さまざまな言葉の共通点を考えることできっかけになった言葉だけでなく、そこから派生した言葉など、言葉そのものを楽しめるようになりますよ。

ママ 夏は
飛行少年が増えるって！
あのお兄ちゃんたち
空飛べるの!?
お！ 初耳 ことば だね！
想像クイズ してみようか
ニュース
火をおこす少年？
火行かなあ？
僕もボーイスカウトで
習ったから 火行少年だ!!
なるほどね！
他にも「ひ」の漢字
ないかな？
どんなニュースで
使われてた？
悪そうな
お兄ちゃんたちのニュース！
ひ…ひ…
「非常識」のひ？
ニュース
おお、正解!!
翌日
今日、算数の
教科書忘れた…
僕は非行少年だね
そのまま
まっすぐ育ってね

声のかけ方

似た音（読み方）の言葉はないかな？

どんな意味か想像してみて

その言葉はどんな場面で、どう使うのかな？

どんな漢字を使いそう？（耳で聞いたとき）

ポイント

- 正しい意味のヒントをすぐに出すのでなく、楽しさ優先でどんどん意味を想像する。
- 子どもの突飛な予想や想像を否定せず、声かけによって広げていく。間違いも楽しむ。
- 言葉は音にも意味があるので、似た音の言葉がないかな？と考えてみる。（「毅然」と「自然」「偶然」「必然」など）

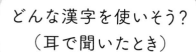

この教科が伸びる！

国語

語彙力、漢字力、
類義語を調べる力、
文脈を読み取る力

こんな力が
UP！

文脈や背景を推理する力

表面的な字面や音だけでなく、そこに含まれる意味を考えられるようになるので、文脈や背景を推理することができるようになり、国語の文章問題の読み取りも得意になっていきます。「初耳ことば想像ゲーム」を日常的に続けて楽しめるようになると、言葉への興味が増していき、子どもがみずから初耳ことばを探すようになるので、自然と語彙力もついていきます。

応用ゲーム

大人向けの難しい本で「初耳ことば想像ゲーム」！　大人もわからない言葉がたくさんあるはずなので、子どもと対等になって、やってみましょう。例えば、動物に関心のある子なら、子ども向け図鑑ではなく大人向けの動物専門書などを使ってみると夢中になりやすいですよ。

game 16

家族で写真コンテスト

ルール

「かわいい」「かっこいい」「癒し」「秋」などの抽象的なテーマを設定して、誰がそのテーマに一番合った写真を撮れるかを競い合うゲーム！

例えば、「迫力あるお父さん」をテーマにして、足を組んで座っている様子を足元から見上げて撮ってもいいですし、「さみしいお父さん」をテーマに、遠めで後ろから小さく丸まった背中を撮るのもよさそうです。

撮った写真を親子で見比べながら、どんな風に考えて撮影し、どんな工夫をしたのか、構図や撮影のポイントを発表し合ってみましょう。

家族でベスト写真コンテストのランキングを付けるのもオススメ。旅行先でもできるので、家族みんなの視点で写真を撮ると思い出にも残りますよ。

今月のお題は「かっこいいパパ」
どんどん撮って♪
パシャ
パシャ
数日後…
大きな足／妹
男の証／兄
たまに家事メン／ママ
男は横顔で語る／パパ
誰も顔を写してない…

声のかけ方

どんな角度で撮ると、
テーマに合うかな？

どこから撮る？

どんな印象に
見せたい？

お題からイメージする
のはどんな写真？

ポイント

- 上から、下から、真横からなど、普段は絶対撮らない角度で撮ってみる。
- 撮った写真の意図が伝わったかどうかを家族で確かめ合う。
- 書店で好きなテーマの写真集を購入し、「撮り方」を研究する。

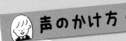

この教科が伸びる！

図工

構図や構成を考える力

国語

作文、説明文、論理的伝達力、文章を読んで情景をイメージする力

こんな力がUP！

伝える力、表現力

いきなり写真を撮るのでなく、作品の意図を伝えることを意識して全体の構図を考えることで、伝える力と表現力が身につきます。
また、伝えたいことから逆算して考えられるようになるため、他者に伝えるための客観的視点も得られます。
これらは、高学年になったときの国語で説明文などを書くときに、主題と結びつけて全体構造を組み立てる素養にもなりますよ。

応用ゲーム

撮影する対象を「もの」や「人」に絞った写真コンテスト！（例：「さみしい家電」「猫の夏休み」など） 作品を差別化しづらく、難易度は上がりますが、想像力は膨らみます。また、撮った写真をアルバムに収めて、並べ方を工夫し、物語を創作しても楽しめますよ。

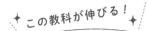

game 17

比べてピッタリ宝探し

ルール

家にあるものの中から、出したお題にピッタリの長さや重さ、比率のものを予想して持ってくる宝探しゲーム！　制限時間を決めて、お題にピッタリか、一番近いものを持ってこられた人の勝ち。

お題は、「ピッタリ30cmのもの」「ピッタリ１キログラムのもの」「○○とピッタリ同じ重さのもの」などぴったり同じ長さのものを探すところから始めましょう。

慣れてきたら、「○○のピッタリ３倍の長さのもの」「○○のピッタリ４分の１の長さのもの」というように倍数や分数を交えてお題を出します。

「Ｔシャツとピッタリ４倍の重さのものは、これかな…」と、体感を頼りに探してきて、答え合わせのときに実際に測って、計算をしてもらいましょう。

ボールペンの長さの5倍を探せ！
5本つなげた長さ？
僕の頭からお腹くらいまでかなぁ
宝探しみたい♫
ガサゴソ
これ♫
いやこれくらいはあるよ
ママはこれ!!
答え合わせ！5倍は何センチになる？
1本が15センチ
5倍だから…75センチか！
リュックは3本分、ねぎは4本分ラケットが…ピッタリ5本分♫

声のかけ方

〇〇の3分の2って大体どのくらいの長さかな？

探しに行く前にいくつか予想してみよう！

実際に計算してみよう！

他にぴったりなものあるかな？（終了後）

ポイント

- 低学年なら分数を使わず、「2倍」「半分」などの簡単な倍数を使う。
- 探すときには計測はせずにゲーム感覚で進める。
- 結果判定をするときはしっかり測って差分を計算して確認する。

この教科が伸びる！

算数

分数、倍数、
比、単位

こんな力が
UP!

単位や比に対する感覚

長さや重さを測る単位に慣れ親しむことができます。

また、おうちの中にあるものを分数や倍数を使って比較することで、算数の分数や倍数を習うときに、頭の中で物体のイメージができるようになります。応用として、お題に長さ・重さだけでなく、縦横比を使うと、ものの比率を捉える力も身につきますよ。

応用ゲーム

子どもが高学年になったら、大きさの縦横比のお題に挑戦！「スマートフォンと同じ縦横比率のものを見つけよう！」「縦横比が2：3に近いものを探し出そう！」など。

game 18

色を探せ！カタチを探せ！

ルール

子どもと散歩しながら、まちに潜んでいるさまざまな色や形を探すゲーム。色の視点で「赤色を探せ」「黄色を探せ」という指令や、形の視点で「◯を探せ」「△を探せ」という指令を出し、子どもに見つけてもらいましょう！

特定の色や形に注目するだけでまちの見え方が変わり、たくさんの発見ができるはず。赤い色を使っているものには○○が多い、黄色はこんなところで使われやすいなど、気づきを話しあうと考察が深まります。

「植物を探せ」「光っているところを探せ」「ベンチを探せ」「ミラーを探せ」など、具体的なものを指定して探してもらうのもおすすめ。同じものを探すことで、ベンチが置かれる場所の特徴、ミラーが置かれる場所の特徴などに気付くと、社会のしくみや人の行動心理などを自然と意識できるようになります。慣れてくると、子どもの方から「次は〇〇を探そう！」と言ってくるようになりますよ。

今日はベンチを探せ!!ゲームしようか
トイレの近くとお店の前!
待ち時間がありそうな場所だね
SALE
ぞ～
ここにも!
涼しそう♪
ゆっくり休めそうだね
翌日、家にベンチが置かれていました
ゆっくりトイレできない…
ずっと立って料理してるからここにベンチあるといいよね♪
低い…
ありがとう…

声のかけ方

赤いものをたくさん
見つけた人が勝ち♪

その形、色をしているのは
なんでかな？（見つけた後）

どういう場所に
○○は多い？

他にどんな場所に○○
があると便利かな？

ポイント

- 親も一緒になって探し、
子どもと楽しみながらシェアする。
- 探すことに苦戦する場合は、「上を見上げてみると、
どうかな？」など探せていないポイントに気づかせる。
- 見つけたものを写真に撮って振り返り、
その場所にあった理由を考察する。

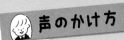

この教科が伸びる！

総合学習

課題発見力、
観察力

多面的に物事を見る力

普段からよく知っている場所でも見方を変えてじっくり観察することで「〇〇の花がこんなに生えているんだ！」と、今まで見えていなかったものが見えてきたり、「なぜここに生えているんだろう？」という問いが生まれるはず。それは今後、探究学習が重視されるにしたがって必要とされる課題発見力につながります。また、意識することで見える景色が変わることを体験すると、勉強する意義（知識が増えると、ものの見方が変わること）にも気づけますよ。

応用ゲーム

地域によって形や絵柄が違うものを見つけるゲーム！

例えば、「ポスト」なら、丸い、四角い、背が高い、低いなど違う形を見つけることができます。「マンホールのデザイン」なら、「誰がたくさんの種類を見つけられるか」「誰がユニークなデザインを見つけられるか」という観点で競争するのもおすすめ。

game 19

なんでもドミノ

ルール

　おうちにあるものをなんでもドミノ倒しのコマに見立てて、順序良く倒れたり転がったりする仕掛けや面白い装置を作る遊び。

　最初は目につくものをなんでも並べて倒してみるところから始めましょう。徐々に子どもが勝手に工夫をし始めるはず。

　本、定規、クリップ、紙、ペットボトル、空箱、ダンボール、割り箸など形や大きさ、重さの異なるものの組み合わせは無限です。ちょっと変わった仕掛けを入れてみるのもおすすめ。

「これも途中に入れられる？」といろいろなものを親からも提案して、子どもの挑戦心を刺激すると盛り上がりますよ。

僕のメガネケース…
たぶんあの中じゃない？（笑）
スタートしていいよ〜
いきまーす!!
将棋セット

声のかけ方

小さいものが大きいものを倒すには？

ドミノが階段を昇るには？

○○の仕掛けが面白いね

（失敗したところで）どうすれば倒れたかな？

ポイント

- 「倒す」だけでなく、ビー玉のような球体のものを「転がす」などの仕掛けも作る。
- 瓶のような丸いものでも、立てて倒すのか、横にして転がす仕掛けにするのか、ヒントをあげる。
- 置き方によって倒れ方が変わるため、上部や下部など物同士が当たる位置を意識する。

この教科が伸びる！

理科	物体の運動、力のベクトル、てこの原理
図工	立体物の創作

物理的な仕組みを理解する力

物体がどのようにして倒れ、転がり、仕掛けが連鎖するように並べるかを考えることで、力の伝わり方がイメージできるようになり、中学生・高校生になって物理を学ぶときの素地ができます。また、最初に作った仕掛けがすぐにうまくいくことは少ないので、遊びながら、あきらめずに試行錯誤する力も身につきますよ！

応用ゲーム

難易度の高い仕掛けを必ず入れる縛りを作ろう！

「ヒモとボールペンを必ず使う」

「ロープウェイのような仕掛けを入れる」「家全体を使ったダイナミックな仕掛けが見たい」などのルールを設定。子どもの想像力と挑戦欲を掻き立てましょう。

game 20

うろ覚えスケッチ

ルール

企業やお店のロゴ、商品パッケージ、アニメのキャラクターなど、普段から慣れ親しんで目にしているはずのものなのに、はっきり思い出せない……。そんな、うろ覚えのものをお題に、記憶をたぐりよせてスケッチするゲーム！

例えば、信号機の中の人型（右向き？左向き？帽子はあり、なし？）、交通系ICカードのマーク、好きなお菓子のパッケージ、自宅のドアノブの形、おうちの洗面所まわりのレイアウト、いつも行く公園の遊具の配置、自分の住んでいる地域のゆるキャラなど、身の回りにはうろ覚えのものがたくさんありますよね。

「一緒に〇〇のうろ覚えスケッチしてみよう！」と提案して、家族の中でより正確に描けた人が勝ち。描き終わったら実物を見て答え合わせしましょう。「全体を捉えられたら○点」、「細かいところの正確さで○点」など、家族内で採点基準を作って競争することもできます。

夕飯できるまでうろ覚えスケッチやろう♫
お題は「青信号の中の人型」!!
OK!
ぼうしかぶってたかなぁ…

時間切れ〜答え合わせです
せーので見せよう♫

ジャン
正解
パパ
兄
妹
どれも…おしい

声のかけ方

平等に勝負するために、
出題する役の人を決めよう！

どっちがより正確
に描けるかな？

制限時間は
5分ね

細かいところまで
思い出してみて

ポイント

- 記憶に自信がなくても、まずは描き始めること。
- 子どもにとって好きなものをテーマに設定する。
- 適度にうろ覚えのものをテーマに設定する。
（例：「数年前に読んでいた絵本のお気に入りキャラクター」など）

この教科が伸びる!

理科	観察力
図工	イメージをスケッチする力

観察力、ビジュアル記憶力

物事を興味深く見る素地が育まれます。また、「どこに何があった」「どんなものだったか」を観察して記憶する力がつくことで、「このテスト問題は、理科の教科書のあそこに載っていた図のことだな!」「あの写真のことを言っているんだな」など、ビジュアルを頼りにした記憶の引き出し方の癖がつき、全体的な教科の学習力の底上げが期待できます。理科で行う朝顔の観察と記録の際などにも詳細な様子や変化に気づけるなど、注意力も増しますよ。

応用ゲーム

お題にしたロゴやパッケージのデザインの意味を予想!「なぜ、この動物のキャラクターなのか、なぜ顔が丸いのか、キャラクターの目が大きいとなぜかわいく見える?」などと考察することで分析力を伸ばせますよ。

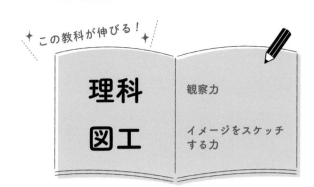

game 21

名前を使わずに検索せよ！

ルール

答えとなる「公式のウェブサイト」を事前に決めて、親子でどちらが検索結果の上位にそのサイトを表示させることができるかに挑戦する検索対決ゲーム！

検索欄に入力する文字は、サイト名そのものを直接使ってはいけません。最初はキーワード「1単語」からはじめて、答えとなる「ウェブサイト」が検索結果に表示されなければ、徐々に「2単語」「3単語」と、使ってよい単語数を増やしていきましょう！

先に答えの「ウェブサイト」を検索結果上位に表示させた人が勝ち。答える順番を決めて、交互に検索をかけていきましょう。

答えに設定する「ウェブサイト」は、お菓子の名前や商品名、企業名、観光名所など公式HPがあるものに設定しましょう。子どもが興味のあるものをお題にすると、一生懸命取り組んでくれますよ。

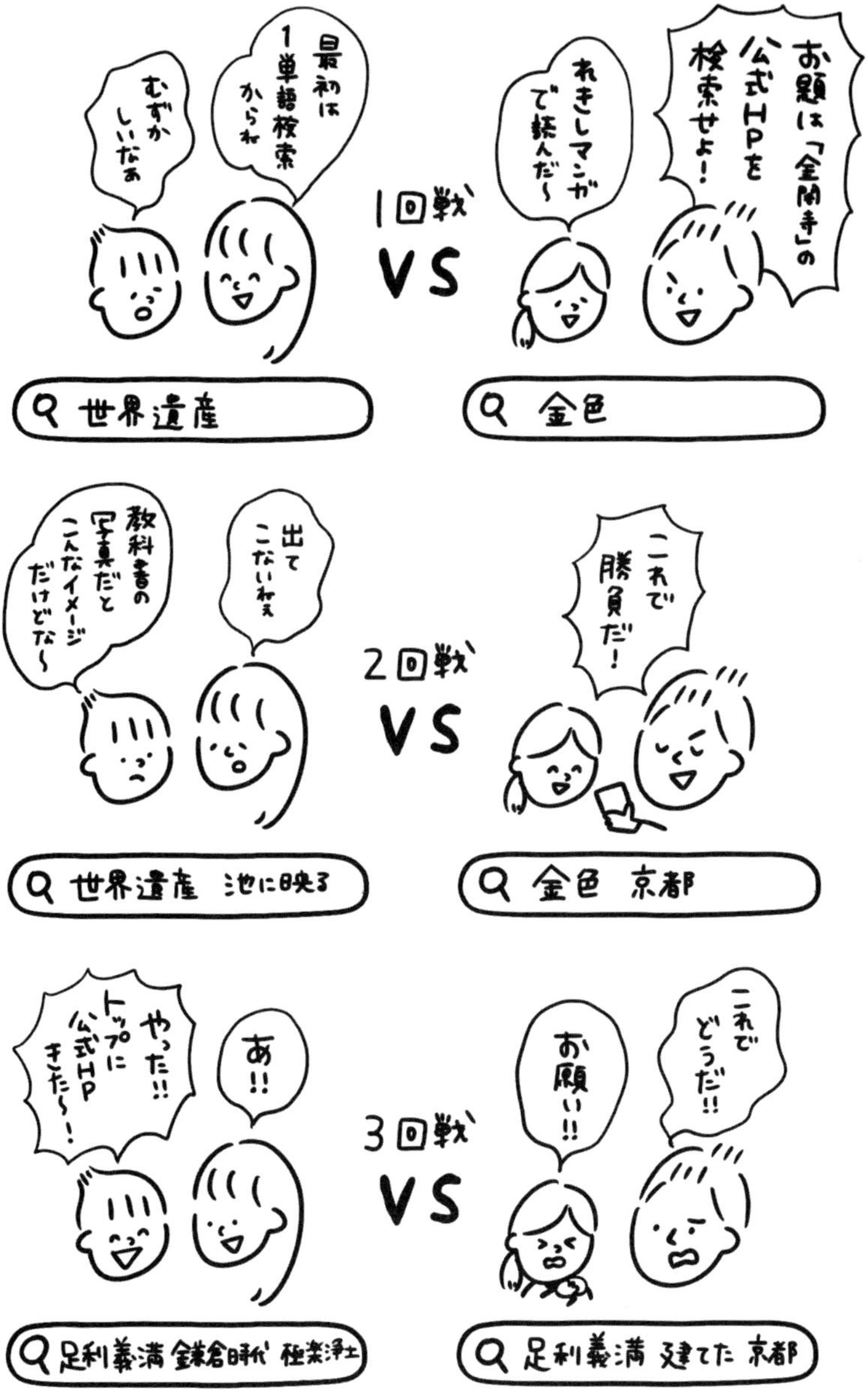
1回戦
VS
お題は「金閣寺」の公式HPを検索せよ！
れきしマンガで読んだ〜
金色
最初は1単語検索からね
むずかしいなぁ
世界遺産
2回戦
VS
これで勝負だ！
金色 京都
出てこないねぇ
教科書の写真だとこんなイメージだけどな〜
世界遺産 池に映る
3回戦
VS
これでどうだ!!
お願い!!
足利義満 建てた 京都
あ!!
やった!! トップに公式HPきた〜！
足利義満 鎌倉時代 極楽浄土

声のかけ方

〇〇をわかりやすく説明するキーワードは何かな？

〇〇に関連する言葉ってなんだろう？

検索上位5番目までに入ったら勝ちにしよう

これまでにうまくいったのはどんな検索方法？

ポイント

- 「公式」という単語を入れると、検索結果にすぐ表示されてしまうのでNG。
- どんな検索方法がうまくいったか、うまくいかなかったかを振り返り、コツやそのポイントをノートにまとめる。
- 最初はチーム戦で挑戦し、親がフォローしてあげる。

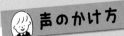

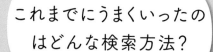

この教科が伸びる！

プログラミング

情報検索する力、デジタル機器を使う力

国語

語彙力

情報検索力

インターネット検索のコツを、遊びながら身につけられます。

情報検索力の差は、そのまま情報格差になってしまうため、これからの時代、身につけておくべきとても大切な力です。もし子どもがパソコンのタイピングができなければ、入力したい言葉を言ってもらい、親がやってあげましょう。

徐々に自分で触りたくなると思います。そのときは子どもに任せて、機器に慣れる練習をさせてあげましょう。「名前を使わずに検索せよ」は、他の言葉で言い換えるゲームなので語彙力や説明力のアップも期待できます。

応用ゲーム

「1単語だけ」で一発検索勝負！

お題は子どもの興味のあるものから始めて、歴史上の建築物、世界遺産、教科書に載っている固有名詞など、学習的な単語でも挑戦しよう。

（事前に答えのHPを設定するのを忘れずに！）

game 22

勝手に好きランキング

ルール

映画、アニメ、ドラマ、それらの好きなシーン、好きな教科など、どんなものでも勝手にランキングづけをして発表し合う遊び。

例えば、家族でそれぞれ「アンパンマンで好きなキャラクター　ＴＯＰ５」などランキングにして、お互いに５位から１位まで、その理由も一緒に発表しましょう！

普段は「〇〇が好き」だけの会話になりがちですが、「これよりもこっちの方が好き」「その理由は…」と話を深めることで、子どもにとって自分の意見を整理し、考えを巡らせるきっかけになります。

子どもに「なぜ？」と聞いて答えにくそうだった場合は、「どんなところがよかったの？」などと言い回しを変えてみて答えやすくしてあげましょう。

同じテーマでも、家族それぞれ順位も理由も違うはずなので、感性の違いに目を向けることが子どもの視野を広げることにつながります。

アニメ映画の鑑賞後…
今日は「ドキドキしたシーン」ランキングにしようかな
パパの1位はお札の束が空に舞うシーンだなあこがれる〜
主人公の2人がおててつないだとこ!!
僕は山の斜面を車で飛ばすシーンかな
みんなバラバラだね!!
ドキドキにも怖さとかあこがれとかいろんな意味があるんだねっ

声のかけ方

ランキングにしてみたいものある？

1位と2位の差はどんな理由？

どんなところが良かったの？

お母さんのランキングで気になるところある？

ポイント

- ランキングのお題も子どもに決めてもらう。
- 親子で順位が同じもの、違うものについて、理由をお互いに質問して会話を深める。
- 子どもが「好き」を語るときの熱量を活かし、質問でどんどん言葉を引き出す。

この教科が伸びる！

国語

作文、プレゼン力

こんな力がUP！

多様な価値観への気づき、寛容性

子どものうちは自分の「好き」という気持ちが先行すると、それを人にも押し付けてしまいがちですが、順位付けの理由を話し合うことで自分と違う価値観があることに気づき、他人を尊重する心も育まれます。

また、ある括りの中で比較すると分析力が身につくほか、自分の考えたことを相手に伝えるために工夫することでプレゼン力も磨かれますよ。

応用ゲーム

美術館や博物館に行ったとき、「自分が好きなものベスト５」「ちょっと気持ち悪い展示ベスト５」などのランキングに挑戦！ランキングをつけるために、より深く観察するようになります。ランキングをつけてもらったら、その理由も聞いてくださいね。

game 23

折り紙切り絵クイズ

ルール

折り紙を三角や四角に何度か折って、ハサミで複数の切りこみを入れて開いてみると、左右対称性のきれいな図柄（切り絵）ができますよね。これは、親子でそれぞれ好きな切り絵を作って相手に渡し、その切り絵の再現に挑戦し合うゲーム！

お互いに切り絵を作り、早く正しく再現できたほうが勝ち。当てずっぽうで切り始めるのではなく、ハサミで切る前にしっかり完成図を予想しましょう。

切り絵は折る回数を増やし、切る箇所を増やすほどに複雑な図柄ができ上がります。

最初は、難易度を下げて、「折る回数と切る回数はそれぞれ2回まで」など制限を設けるのがおすすめ。慣れてきたら、制限なしで複雑な切り絵の再現で勝負してみてください。

みんなの作品

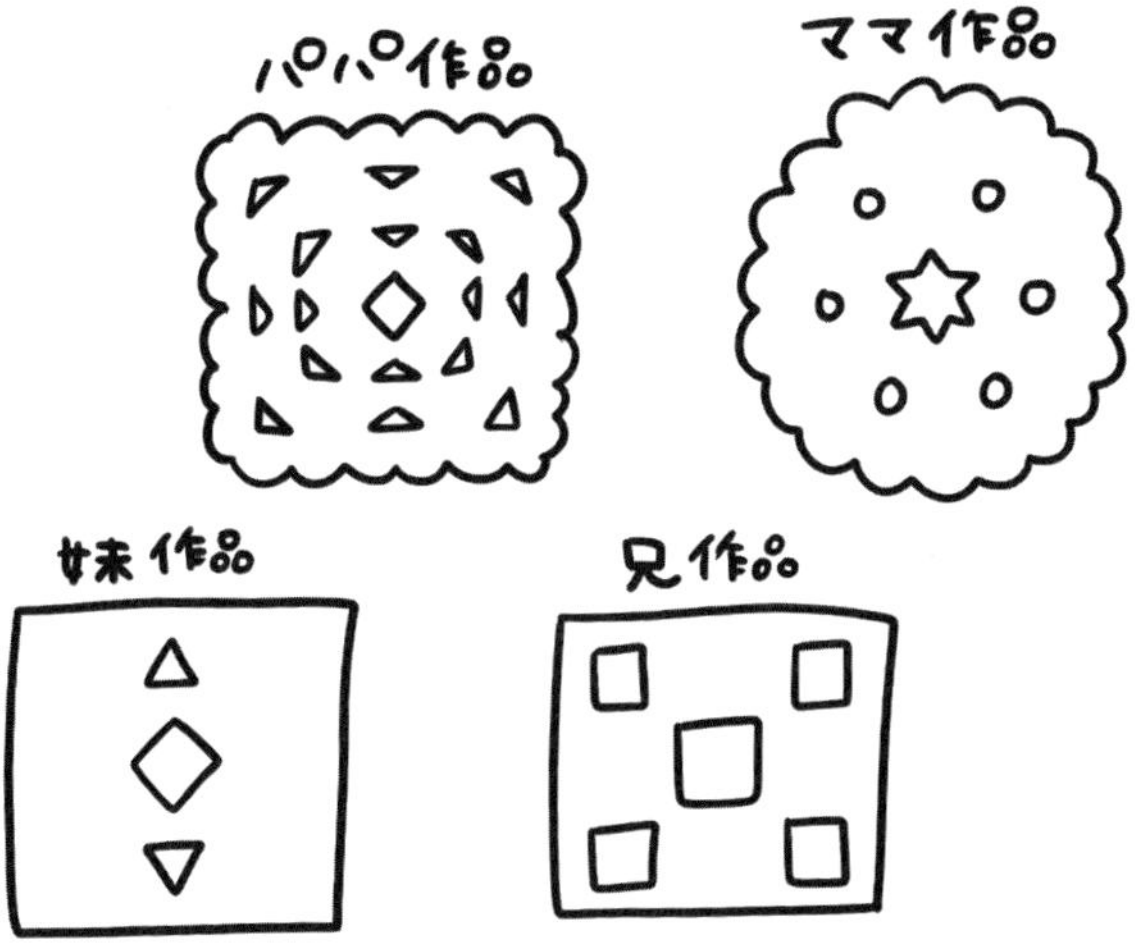

兄の解答例はこちら

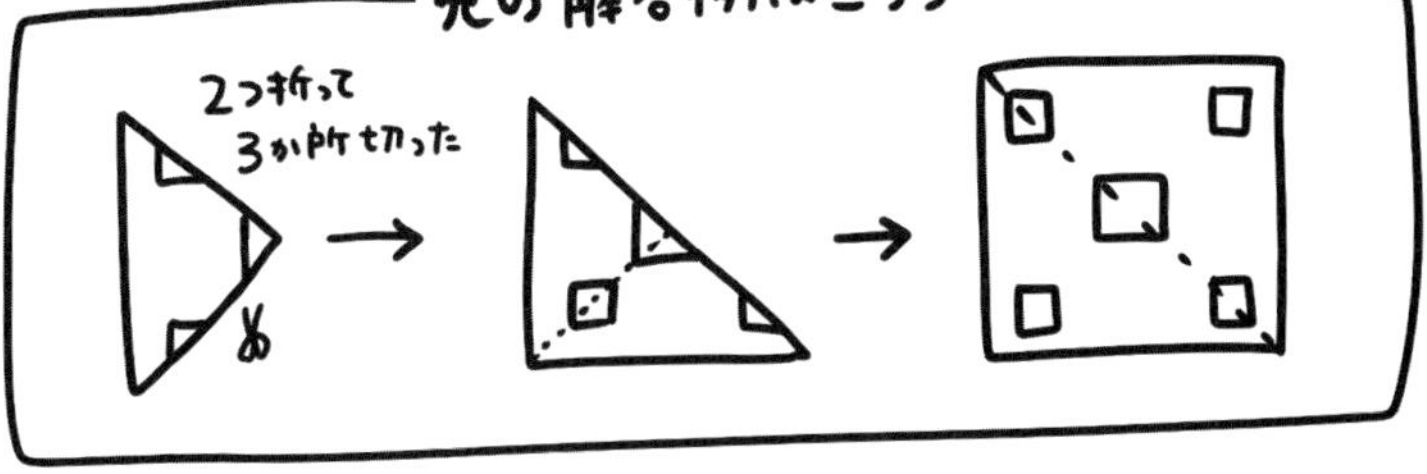

声のかけ方

折る回数と切る回数、合わせて6回で勝負しよう！

この切り絵の模様はどこで切ったんだろうね？

まず、どのように折ったのか考えてみようか？

何度もやってみて違いを確かめてみよう

ポイント

- 問題の切り絵の折り目に触ると答えがすぐにわかるので、触れずに見るだけにする。
- 間違えても開いた切り絵を比較しながら、どの切り込みが足りないか考える。

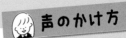

この教科が伸びる！

算数

図形、対称性を
読み取る力

平面図形への関心、図形感覚

算数の図形問題で、出題された図形を感覚的に捉えられるようになります。

図形問題は、実際に感覚がつかめないと、イメージが湧かずに苦手分野になってしまいがちですが、手を動かすことで図形感覚の素地が作れますよ。

算数の「線対称、点対称」、中学高校の数学では座標の単元があり、そこでも切り絵で身につけた対称性の感覚が役に立ちます。

また、試行錯誤しながら答えにたどり着く粘り強さも身につきます。

応用ゲーム

インターネットで複雑な折り紙切り絵の作品を探し、再現に挑戦！　どこにもない、自分だけのきれいな切り絵作りに夢中になれます。

あえて変な折り方をしてみたり、切る形を複雑にしたり、いろいろと試してみましょう。

game 24

ぐるっとしりとり

ルール

前の人が言った言葉を復唱しながら、つなげていく「ぐるっとしりとり」！　長く続けば続くほど、単語数が増えていくため、後半になるにつれて難しくなっていきますが、その苦労している様子も家族で盛り上がれるポイントです。

慣れてきたら、特定のテーマにまつわる単語に限定した「縛りしりとり」のルールも加えて難易度をあげます。テーマは、「食べ物」「生き物」「ゲームのキャラクター名」「駅名」「歴史上の人物名」など、子どもの詳しいジャンルにすると、ノリノリでやってくれるはず。

カタカナ言葉のみ、赤いものだけ、など単語の制限（縛り）をアレンジしながら、より難しくしてみましょう！

家族内でチーム分けしたり、「答えるのが難しいときは2回までスキップOK」にするなど、逃げ道を設定して長く続くように協力し合う方法もおすすめです。

ママから始まる
「ぐるっとしりとり」!!
む…昔ばなし!
むかしばなし、シルバニアファミリーのおうち
昔ばなし、シルバニアファミリーのおうち、塵も積もれば山となる!
昔ばなし、シルバニアファミリーのおうち、ちりもつもれば山となる、ルービックキューブ攻略法!!

みんな…長い言葉やめてよ～ 続かないって
ちりもちゅもれば…?
……
ママ早く～♫

声のかけ方

今日は野菜の名前でやってみよっか？

どんな縛りにする？

どうやって記憶したの？

他にどんなルールを加えたい？

ポイント

- 勝ち負けではなく、家族みんなで協力して長くリレーすることを目指す。
- 家族みんなが楽しめるちょうどいいテーマ設定を考えさせる。
- 「長くリレーできた」「できなかった」原因を分析する。

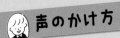

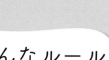

この教科が伸びる！

国語
語彙力

社会
公民

短期記憶力

短い時間内にたくさんの言葉を覚えておくトレーニングになるので、グルーピングで覚える、頭文字、ビジュアルイメージで覚えるなど記憶のコツが身につきます。自分なりの暗記のコツを見つけるように意識すると効果的！　お互いに「どうやって記憶したの？」と聞いて、その工夫を真似してもいいですね。暗記科目など、勉強にも直接役立ちます。

また、みんなにとって平等なルールを考えることは、中学校の社会科の公民の単元で、社会のルール作りの討論をするときの素地になるはず。

応用ゲーム

「アルファベット縛り」のぐるっとしりとり！

英単語のみでしりとりをすると、英語の語彙力が増えます。英和辞典をそばに置いて、「3回まで辞典を見てもいい」など、ゆるいルールから始めましょう。

game 25

国旗デザイナー

ルール

日本を手始めに、好きな国、気になる国の特徴を踏まえて、思い思いの国旗を自由な発想で新しくデザインしてみよう。

まず、家族でそれぞれ、その国の好きなところ、他の国にはない特徴を挙げていきます。

自分がいいなと思うその国の特徴が見つかったら、イラストや色で表現し、国旗を描きましょう。

それぞれ描いた国旗は家族で見せ合い、なぜそのデザインにしたのかを発表し合います。

コツをつかんだら、好きな国、気になる国の国旗がどんな意味で作られているのかを調べて、その特徴に目を向けてみましょう。国旗デザインを考えながら、その国にどんどん詳しくなっていくので、世界中の国の数だけ楽しめますよ。

世界に誇れる日本の特徴ってどんなところかな？
私ならさくら♫
ラーメンアニメあと…マナーが良い!!
温泉とかものづくりかしら
その特徴を生かした国旗をデザインしてみよう♫
パパはこれ
ラーメン
それはどこの国？
色は茶色と白ねぇ
カレーライスみたい
インド!!向こうの学校では20×20の計算まで暗記するんだって〜
20
20

声のかけ方

この国旗ってなんでこんなデザインなんだろう？

その色にしたのはどうして？

参考にした国はある？

その形にはどんな意味を込めたの？

ポイント

- 親も国旗作りに挑戦して、子どもの作った国旗との違いについて対話する。
- 「日本の国旗はどういう意味で日の丸なのか？」など、今ある国旗の色やデザインの意味を調べる。
- よく食べる輸入食品の産地や映画やアニメの舞台、名前だけ知っている国などにお題を広げていく。

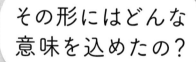

この教科が伸びる！

社会

世界史、地理

世界への関心、国の背景知識

新しいデザインのために国旗の意味を調べる過程で、国ごとの歴史、宗教、文化、気候についての知識を学べます。「イスラム圏ではなぜ国旗に三日月を使うのかな?」といった疑問が自然と子どもに生まれ、よりリアルな国旗をデザインするために自主的に調べるように。国旗についての本、地図帳、歴史の本などを用意すると、さらに学びが深まります。世界への視野が広がり、国旗を見るだけでその国の成り立ちも想像できるようになりますよ。

応用ゲーム

「どこの国の国旗かクイズ」！　国旗に興味を持ち始めたら、「南十字」「星」「クロス」など、共通で使われているモチーフや、「赤」「青」「緑」などの色で国旗をグループ分けし、意味を予測して調べてみましょう。覚えた色の意味やマークを参考に、「どこの国の国旗かクイズ」に挑戦。

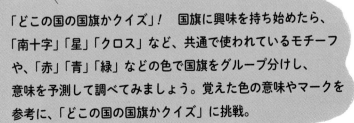

game 26

困りごと解決プランナー

ルール

家族で何か困ったことがあったとき、どうやったら楽しく面白く解決できるか、アイデアを考える遊び。

苦手な片付けが楽しくなる方法は？　買い物でみんなが満足するための方法は？　テレビやスマホの取り合いを防ぐ方法は？など、些細な困りごとを議題にして、家族全員がアイデアを考えましょう。

みんなが「一番面白い！」と思うアイデアを出した人が勝ちです。旅行に行くときに「どうしたら行きたいところを全部回れるか」などのプラン設計を題材にするのもおすすめ。

子どものアイデアで日々の困りごとが解決して暮らしやすくなったら、子どもの自尊心も育ちます。困っているときのネガティブな気持ちを愉快なアイデアや笑いにして消化することで、家族や友達との関係を円滑にする効果もあります。

わが家はみんな
お片付けが
苦手です
どうしたら
片付けが
楽しく
できるかな？
かわいいお片付け
ボックス作る？
片付けたら
ごほうびの
ビール！
お片付け
ミュージックを
流す!!
楽しそ〜♫
ミュージック
スタート♫
楽しそうだから
まあいいか…

声のかけ方

○○をもっと面白くする方法は?

○○を楽しく解決するには?

このアイデア、いつやってみる?

誰が一番笑えるアイデアを思いつけるかな?

ポイント

- 解決策を真面目に考えるのでなく、アイデアを考えたり話し合う時間を楽しむ。
- 面白い解決アイデアが生まれたら、実際にやってみる。
- 実際にやってうまくいかなかったら、また別のアイデアを考えてみる。
- 「家族みんなが意識してないけど、実は困っていること」を話し合って、問題発見から挑戦する。

この教科が伸びる！

社会
総合学習

まちとくらし

課題発見力、
課題解決力、発想力

こんな力が
UP！

アイデア発想力

問題が起きたとき、積極的に解決策を考える姿勢が育まれます。

また、何かでうまくいかなかったときに「失敗した」で終わらせず、「うまくいかない方法を見つけたので前進だ」とポジティブに捉えることができるようになり、あきらめずに立ち向かう習慣が身につきます。

柔軟な発想力で、クリエイティブに解決する力も、将来、さまざまな仕事で役立ちます。困りごとを解決するということ自体を楽しめるようになると、あらゆることに対して自分自身で工夫し、行動する子どもに育つでしょう。

応用ゲーム

家族みんなで困りごとをたくさん出し合い、TODOリストのように難易度ランキングをつけて、難易度の低いものから順にクリアしていくゲーム！「前回はレベル7の困りごとをクリアしたから、今日はレベル10に挑戦しよう！」など、課題解決を遊びにして続けてみましょう。

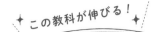

game 27

サウンドクリエイター♪

ルール

サウンドクリエイターになりきって、おうちにあるティッシュの箱やペットボトル、陶器やお箸、ガラスの瓶などを使い、聴いたことのない面白い音や、何かに例えた音を作る遊び！

叩いてみたり、こすってみたり、転がしてみたり、中に何かを入れてマラカスのように振ってみたり、音の出し方もいろいろと試してみましょう。

アニメなどの音響効果を仕事にしている人も、「ザルに小豆を入れて揺らす」方法で波の音を出したり、日用品を工夫しながら組み合わせて音を作っています。

個性的な音を見つけたら、スマートフォンで録音して、家族で「これは何で作った音でしょう？」とクイズを出したり、「人が歩く音」「風の音」「刀で戦う音」などのお題に対して、だれが一番ホンモノに近い音を作れるかを競うゲームにも挑戦してください。みんなで音楽に合わせてオリジナルの音で演奏しても楽しいですね。

この音は何でしょう
ザ
ザ
うわぁ 波の音♫
えー 本物みたいだね
こんな遊びもできるぞ
濡れた指でこするんだよね
〜♫
きれい!! 水が少ない方が低い音♫
プシッ
パシッ
いいぞ〜 やれやれ!!
本当に闘ってるみたいな音ね〜

声のかけ方

アニメの○○が登場する
ときの音は何で再現できる？

どんな音が
鳴るかな？

録音したこの音、
何で出したと思う？

もっと低い音は出せる？
もっと高い音は？

ポイント

- まずは楽しむ気持ちを優先させて、
  もの同士をぶつけてみたり、叩いたりして、
  どんな音が鳴るかを確かめる。
- 鳴らした音を擬音語でメモする。
  「ピーン」「ボホッ」など。
- 新しい音、違う種類の音をたくさん作って競い合う。

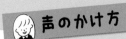

この教科が伸びる！

理科	音の性質、物理（波、共鳴）
音楽	音への関心

こんな力がUP！

物体の性質、音の性質の理解

例えば、グラスひとつとっても、同じグラス同士、違うグラス同士だと音の鳴り方が変わります。このように、「音」という視点をきっかけに、理科で重要な、物体の性質への興味と理解が育まれます。

物理で「共鳴」を学ぶときにも、同じグラス同士だと共鳴して震えることを体験しておくと、理解が深まりますよ。また、実際に音を鳴らしてみる過程で、音楽への興味を深めていく機会にもなるはずです。

応用ゲーム

用意した複数のコップに、違う量の水を入れて音階を作るゲーム！　ぬらした指でコップのふちをくるくるなぞると音が出ます。

また、プロの音響効果の技を調べておうちで再現してみても楽しいですよ。

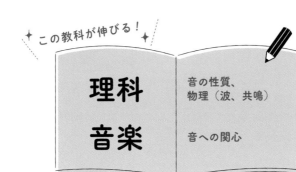

game 28

漢字ハンター

ルール

漢字1文字のお題を決めて、その漢字を使った言葉をいくつ言えるか勝負するゲーム！

たとえば「生」という漢字が含まれる言葉をお題にすると、「生き物」「生活」「生産」「人生」「一生」「生きる」「生ビール」などがありますよね。

選ぶ言葉は、音読みでも訓読みでもどちらでもOKです。熟語や四字熟語、ことわざ、動詞にも範囲を広げて、「○が入った言葉」を順番に答えましょう。

例「日」→日曜日、日直、日本、お日様、日向…
　「正」→正しい、正義、正直、大正、正夢…
　「音」→音楽、音色、本音、音読、音沙汰…

「歴史上の人物名もOK！」など、ルールの幅は家族で自由に決めてチャレンジしてください。親子で一緒に町中を散歩していて目についた漢字や、会話の中で出た漢字などをきっかけに、いつでも始められます。

渋滞が続くなあ… よし、「正しい」って漢字を使った言葉 誰がたくさん言えるかゲームしよう!!

歯の矯正!!

お正月
正ぎのみかた♪

正夢ってのもあるな
正直者!! 僕のことだ
正岡子規! お兄ちゃんはもう習った?

正方形♪

パパは正真正銘のベテランドライバー♪

知ってる〜

僕はいついかなるときも正々堂々戦うぜ!!

それいつも見てるアニメのセリフ

声のかけ方

この漢字、他にどんな
読み方があるかな？

どんな漢字で
やってみたい？

この漢字、
どんな意味？

これまで出た言葉を
ヒントに探してみよう

ポイント

- お題の漢字は子どもが既に学校で習った
簡単なものにする。
- 漢字の意味を考えて、そこから連想すると、
いろんな熟語が浮かびやすい。
- このゲームに夢中になった子には、
漢字辞典を攻略本として渡してみる。

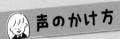

この教科が伸びる！

国語

漢字、言葉の意味、語彙力

こんな力がUP！

漢字の意味を理解する力

漢字の意味を深く考えるきっかけになり、漢字の記憶が定着しやすくなります。漢字への苦手意識もなくなり、国語の授業で漢字の意味を書くテストでは、たとえ知らない漢字だとしてもつくりから意味を推測して答えを導く考え方が身につきます。「生って火が通ってないって意味？」「生きるっていう意味もあるね」など、ひとつの漢字にもいろいろな意味があることを感覚的に捉えられるようになります。ひとつの漢字を使った言葉を、「生ビールと生卵」「一生と人生」など、意味でグループ分けをしても学びの効果が高まりますよ。

応用ゲーム

「２字熟語のみ」「●という漢字から始まる言葉のみ」「制限時間内にどれだけたくさん書き出せるか？」などルールを追加！　制限を加えることでゲームの難易度が上がるので、語彙力もさらに鍛えられますよ。

game 29

ワンコイン社長

ルール

「子ども会社」の開業資金として500円を渡し、子どもの思い思いのビジネスを家庭限定で開業させてみましょう。家族をお客さんに見立てながら利益を増やしていくゲーム。

例えば、自宅でマッサージ屋さんを開業。手で揉むなら10分しか体力が持たないけれど、100円ショップでグッズを購入すれば、手が疲れることなく揉む時間を延ばせるので、営業時間を長くできるかもしれません。

また、道具を使うことで力の加減も強くなるため、お客様満足度が上がり、料金を少し上げられる、など利益を増やすための工夫をしてみましょう。

「揉むだけでなく肩こり解消のために温めてもらえるとうれしい」「じゃあ肌触りのいいタオルを買ってみよう」など、お客さんの声を調査しながら、利益を増やす小さな社長チャレンジです。

毎月ただお小遣いを渡すのではなく、学びのチャンスに変えると、楽しく金銭感覚も身につきますよ！

家で好きなお店 開いてみない？ 開業資金は500円！
社長ごっこだ！ カフェとか 楽しそう！
仕入値が かかるね 利益を 増やせるかな？
翌日 わが家にマッサージ店が！
もみ太郎 15分 100円
良い値段 設定だね
僕の力加減だと このくらい かなって
町中の お店を 参考に したんだよね
オープン5日後
もみ太郎 30分 400円
あれ、強気の 値段設定！
じゃーん♪ 100円でこれ仕入れて 満足度を 上げました
疲れにくいから 営業時間も 長くできるのね
ボール付 まごの手

声のかけ方

自分の得意なことでお店を開くなら？

どんなお店をやってみたい？

お客さんの感想を聞いてみたら？

何を仕入れたら、サービスの質があがりそう？

ポイント

- お客さんのニーズに自然と気づくのは難しいので、子どもに具体的な感想やリクエストを伝える。
- ノートに収支（売上・費用・利益）を記録する。
- マッサージ券など、よりお店屋さんらしくなるアイテムを作り込んでみる。
- １か月の売上目標を決める。

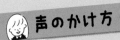

この教科が伸びる！

算数	□を使った計算、文字式
社会	さまざまな産業

他者の気持ちをくみ取る力
利益損益の仕組みを理解する力

人のしてほしいことを見つけて、喜んでもらうために工夫することで、自分以外の人の気持ちをくみ取る力が伸びます。社会に出てから役立つのはもちろんですが、困っている人を見つけて助けられる人にもなるはず。

また、小3から算数では「□を使った計算」が出てくるので、「○円の利益のためには仕入れは何円にするべきか？」など自分で式を組み立てるいい体験になります。原価計算などで算数の計算力をつけながら、人の気持ちを知って楽しく商売するコツもつかめます。

応用ゲーム

豆の仕入れや道具の購入から自分で行い、コーヒーを淹れてお客さんに提供するような、仕入れ・道具が必要なちょっと複雑な商売に挑戦！　元手はいくらかかるのか、何杯売れたら利益が出るか、全部売れると1杯あたりの利益はどのくらいになるか、など必要な計算の幅も広がります。

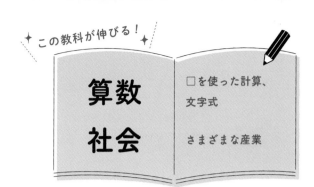

game 30

年表タイムトラベラー

ルール

お父さん、お母さん、おじいちゃん、おばあちゃんに人生の出来事をインタビューし、楽しい出来事から悲しい出来事まで個々人の思い出話を「家族ニュース」にして、オリジナル年表を作る遊び。

どんな話を盛り込むか、どんなインタビューをするか、子どもの興味関心にあわせて自由な年表を作れば、まるで時代をワープして旅するように楽しめますよ。

「おじいちゃんが、実は歴史的人物○○と同い年だった！」「お母さんが子どものときには、○○が流行っていたんだ」など、当時のニュース、有名人の人生、流行、売れていたモノなどを盛り込むことで、時代の雰囲気がつかめます。

まずは、お父さんかお母さんが自分の時代についてのクイズを出すところから始めてみましょう。今の時代と比較しつつ、お父さんお母さんの子どもの頃の話から始めると、興味を持ってくれますよ。

じいちゃん何歳のとき車買えた？
32歳 ちょうどバブルでお金持ちだった

阪神大震災は知ってる？ 高校1年生のとき神戸にいたから怖かったな 大きな火事が起きてさ
へえ… それは大事件だね メモメモ
東日本大震災は津波の被害が大きかったよね

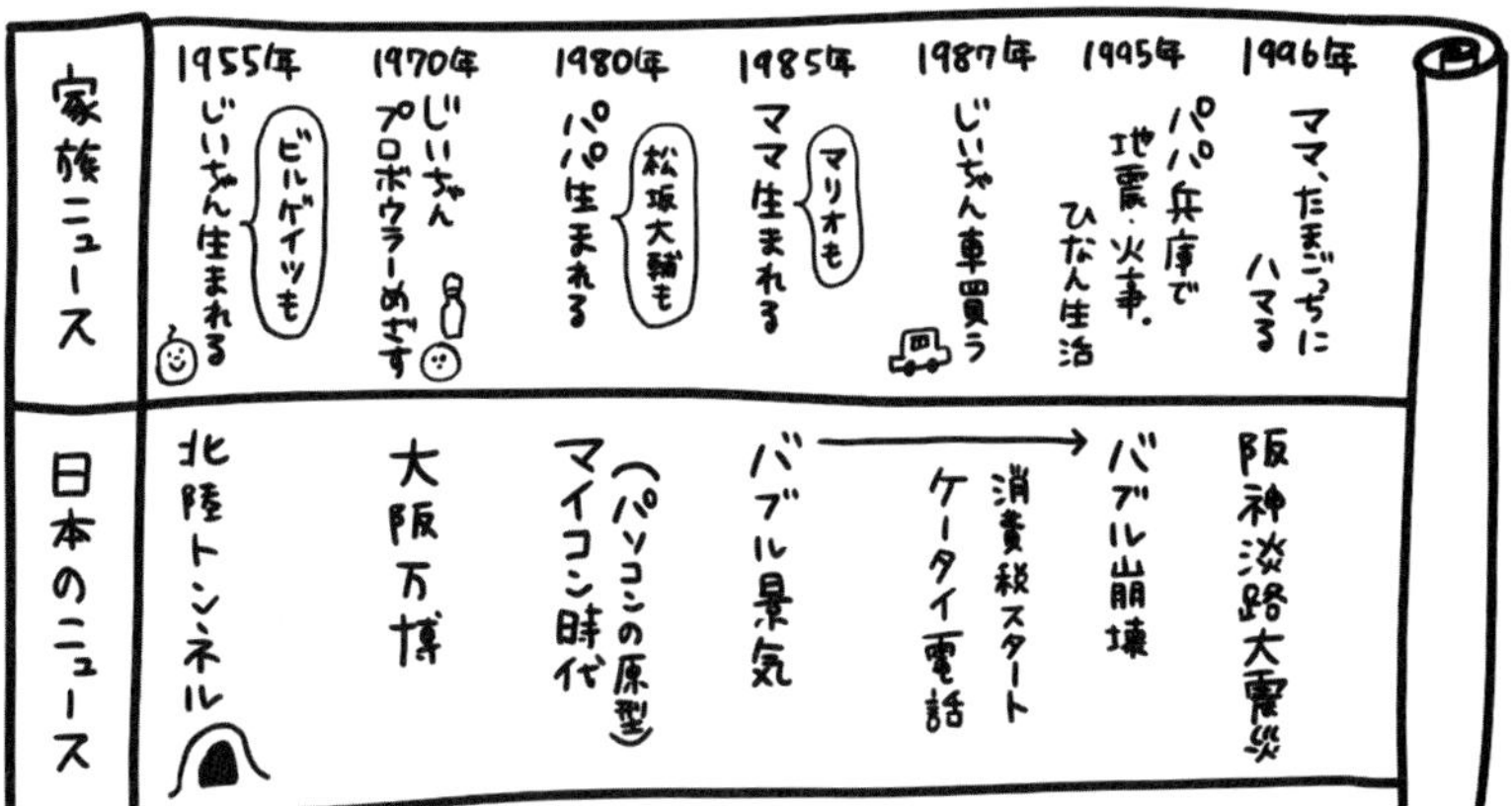
家族ニュース
1955年 じいちゃん生まれる ビルゲイツも
1970年 じいちゃんプロボウラーめざす
1980年 パパ生まれる 松坂大輔も
1985年 ママ生まれる マリオも
1987年 じいちゃん車買う
1995年 パパ兵庫で地震・火事。ひなん生活
1996年 ママ、たまごっちにハマる
日本のニュース
北陸トンネル
大阪万博
マイコン時代（パソコンの原型）
バブル景気
消費税スタート ケータイ電話
バブル崩壊
阪神淡路大震災

声のかけ方

○○ってお父さんが何歳くらいのときの出来事かな?

この時代に何が流行っていたと思う?

おばあちゃんと同じ年の有名人は誰がいるかな?

聞いてみて、面白かったことは?
意外だったことは?

ポイント

- 子どもからインタビューを受けるときは、その時代の出来事などについても丁寧に話す。
- 子どもが興味を持つように、有名人の話をしたり、クイズの要素を入れる。
- 家族全員が同じ年齢だったときの様子を比べる。「おじいちゃん、お母さん、子どものそれぞれ10歳のときの暮らし比較」など。

この教科が伸びる！

社会

歴史、近現代史

歴史への関心

身近な家族の過去について知ることをきっかけに、近現代の歴史と自分とのつながりを結び付けて考えられるようになります。

また、高校の社会の授業で、近代から昔にさかのぼって学ぶ方式も採用されてきているので、近現代史の理解を助ける経験になります。

家族へのインタビューを通じて、知りたいことを調査する力を鍛えれば、将来的に論文執筆や研究にも役立ちます。

応用ゲーム

電車や家電、電話、偉人など子どもが興味のあるジャンルで、オリジナル歴史年表をまとめてみましょう。

もっと昔まで時代を広げ、気になる時代のオリジナル年表を作るのもおすすめです。

（例：織田信長の人生を当時の世界の歴史と比べてみる）

オリジナルゲームを作ってみよう！

ここまで30のゲームを紹介してきましたが、いかがでしたか？
どのゲームから挑戦しても良いので、
ぜひご家族でピンと来たものを選んでやってみてください。
子どもによって夢中になるものはそれぞれ違いますし、
全部をやる必要もありません。
もし難しいと感じるゲームがあれば、自由にアレンジして、
やりやすい形でどんどん遊んで学びの機会を
増やしていただけたら嬉しいです。
30のゲームをほとんどやり終えて慣れてきたら、
ぜひオリジナルのゲーム作りにも挑戦してみてください。
いくつか学びのゲーム化のコツを伝授したいと思います。

ゲーム作りのワザ① なぞなぞ・クイズにする

知識をただ覚える、問題をただ解くだけだと、子どもたちのやる気はなかなか出ませんが、クイズ形式・謎解き形式にするだけで目の色が変わります。クイズやなぞなぞを作るのはそれほど難しくないので、初心者にもオススメ。テレビのクイズ番組や謎解きエンタメ番組を想像しながら、オリジナルのなぞなぞ・クイズを作ってみてください。
例：「推理翻訳」「初耳ことば想像ゲーム」「今日の気持ち・行動クイズ」

ゲーム作りのワザ②

実験する

実験といっても、本格的な理科の実験だけではありません。実際に試してみて結果がどうなるかを確かめられることは、すべて「実験」と言えます。目玉焼きの火入れやお風呂に浮くもの・浮かないものなど、日常生活には実は実験テーマがいっぱい。「いつもとここを変えてみたらどうなるんだろう？」と気になることをみんなで探して、オリジナル実験ゲームを作ってみてください。

例：「最高の目玉焼き発見ロード」
「浮くかな？　沈むかな？」
「光の的当てゲーム」

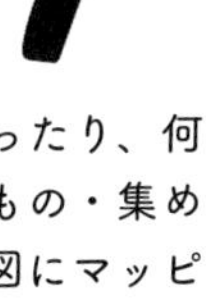

ゲーム作りのワザ③

探検・収集する

多くの子どもたちは、何かを発見できるか探して動き回ったり、何かを集めてコレクションしたりするのが大好き。見つけたもの・集めたものをノートや写真データやファイルに記録したり、地図にマッピングしたりするとさらに楽しくなります。少し時間がかかるゲーム形式ですが、じっくり取り組める良さもあるので、ぜひご家庭オリジナルの探検・収集ゲームを作って遊んでみましょう。

例：「かおみっけ！」「比べてピッタリ宝探し」「産地収集マッピング」

ゲーム作りのワザ④

創作・表現する

何かを作ったり表現したりするのが大好きな子どももたくさんいます。いわゆる図工の時間に行うような工作からアイデア発想まで方法はさまざまです。ただ覚えるのは苦痛なものでも、作って遊ぶうちに、いつの間にか覚えてしまっているかもしれません。自由にオリジナルの創作・表現ゲームを作り、創造力全開で遊んでみてください。

例：「漢字ツクール」「国旗デザイナー」
「なんでもドミノ！」
「おすすめカード作り」

ゲーム作りのワザ⑤

競い合う

どんなゲームにも全般的に活用できるのが「競争」。勝つ・負けるという要素が入ると、子どもはもちろん大人も夢中になります。簡単にゲームのルールに組み込めるのがメリットですが、逆に競争が嫌という子もいたり、実力差があると楽しめなかったりするので、子どもとの相性を見て取り入れるようにしてください。

例：「ぐるっとしりとり」「ナンバープレート10ゲーム」
「名前を使わずに検索せよ！」

column②

凸凹（発達障がい）がある子もぐんぐん伸びる！

　近年、発達障がいと診断されるお子さんが増え、社会的にも注目されるようになりました。はっきりと医療的な診断が下されていなくても、多動性・衝動性の傾向が強く、グレーゾーンのお子さんもたくさんいます。

　発達障がいは生まれつきみられる脳の特性で、得意・不得意に大きく偏りがあることが多いのですが、いわゆる〝凸凹のある子〟の多くが実は探究学習に向いています。「遊びと勉強の境界線」を作らず何かに没頭したり、自分にとって面白いことを次々に見つけたりすることが得意だからです。

　エイスクールでも、授業中に教室の後ろでずっとひとりで図鑑やマンガを読んでいたり、室内を常に歩き回っていたりする子どももいますが、授業に全く関心がないかというとそうではなく、「〇〇くんはどう思う？」と問いかけると、自分なりの考えを伝えてくれます。

　最初は、私たちも心配していたのですが、「聞いていないようで、実は考えこんでいるんだな」「動き回りながらのほうが集中できるんだな」「今は気分が乗らないだけで、やりたくなったら戻ってくるんだな」ということがわかってきました。

　大人の目線で捉えると、決められた受講形式ではうまく参加できなかったり、柔軟に場に合わせたりできないことから、「この子は学ぶのが嫌い」「学校の勉強につ

いていけない」と決めつけてしまいがちですが、そうとは限らないのです。

ときどき、親御さんから「子どもが興味関心を持つものを見つけられない」と相談を受けます。たしかに夢中になって取り組む対象は簡単には見つからないもの。一方で、凸凹がある子は何に対しても自然体で反応がダイレクトな子が多いです。面白いと思ったものに対しては学びであっても遊びであってもとことん没頭し、何かに夢中になりやすい。親からみても、子どもが夢中になる対象を見つけやすいといえます。

また、他の子が「恥ずかしい」「自信がない」とブレーキをかけてしまう場面でも、構わずチャレンジする姿勢や興味関心の対象が狭く深い特性があったりします。つまり、探究するマインドを育てやすいということ。それらがうまく伸びた結果、大人になってから起業家やアーティストとして活躍している人も珍しくありません。

発達障がいに限らずどんな個性であっても、環境を整えることで強みに転換するチャンスはあります。その子の思考、行動特性や興味関心を理解し、学びの環境を作り、サポートをしてあげることが、親がわが子を「探究する子」に導く秘訣といえます。

（注）発達障がいについて、医療的な支援を否定するものではありません。詳しくは専門家にご相談ください。

3章

「好き」「得意」を伸ばす親の上手なサポートとは？

子どもを管理しようとするのはNG!

2章のゲームを実践するとき、
お子さんにどんな声かけをしましたか?
3章は「親のサポートの仕方」について詳しくお話しします。
実際にゲームに取り組んだ場面を振り返りながら、
読み進めてみてください。

「夢中で学ぶ子」「自分から主体的に学ぶ子」

の共通点について、1章では教育界のホットワードで
「探究心のある子」

と言い換えて紹介しました。

この「探究心を育てる」うえで大事なポイントは、
親の態度や姿勢なんです。

もっと言うと、

「親子の関係性」

が子どもの探究心に大きく影響します。

少しご家庭を振り返ってみてください。
日々の暮らしで、
子どもの言動をチェックしていませんか?
正しくなかったら指摘をする。
きちんとした生活を送れるように管理する。
もちろん、親の立場から介入が必要な場面もあると思います。
でも、夢中で学ぶ子を育てる条件としては、

「管理する・される」の関係はNG!

そもそも、「管理」と子どもの「探究」とは、
相性がよくありません。
子どもの探究心は、決まったスケジュールで火がつくわけではなく、
急に熱中したり、興味を持たない時間があったり、
親の思い通りになりにくいものです。

一緒にゲームに取り組んだシーンを思い出してください。

「**学ばせよう**」「**学ばせたい**」

「**探究をさせよう**」「**探究をさせたい**」

という親の意識が前面に出すぎると、
子どもは期待に応えようとするか、反発するかのどちらかで、
自分で学ぶチカラはなかなかつきません。

エイスクールでも、家でやってきた探究のミッションについて
「どんなふうに考えて出した答えなの？」

と、思考のプロセスを子どもに聞いてみると、

「お母さんに、こうじゃない？と言われたから」

と答える子が少なくありません。

「こんなふうに探究してほしい」
「こうあるべき」
と管理者目線でミスリードをしてしまうと、
せっかく何かに熱中し始めていた子どもが
自分で考える機会を失い、
探究に向かう気持ちまで減速させてしまいます。
子どもへの声かけには、工夫が必要です。

上手な「声のかけ方」とは？

では、どうアプローチをしたらいいのでしょう？
答えはシンプルで、
「子どもと同じ立場に立つこと」です。

例えば、子どもが漢字ドリルをやっているとき
あなたなら、どう声をかけますか？
悪い例と、良い例を比べてみましょう。

×「またこの漢字間違えたの？」
◎**「なんでこの漢字って、こんな形なんだろうね？」**
×「まだ宿題終わってないの？」
◎**「こう工夫したら宿題が早く終わるんじゃないかな」**
×「夕飯の時間までに宿題終わらせなさい」
◎**「私が夕飯を作るのと宿題と、どっちがはやく終わるか競争しよう♪」**

指示（〜しなさい）や、
推奨（〜したほうがいいよ）ではなく、
質問や提案（〜はどうかな？）の形式で声かけをするのがポイントです。

管理者的な〝上下関係〟ではなく、
〝横に並んで立つ〟イメージ
で子どもにアプローチしてみてください。
本書のタイトルにもなった
「**勉強しなさい**」**より**
「**一緒にゲームしない？**」
という声かけが、まさに「提案」ですよね。

指示や推奨の形式の場合、押し付けが強く、
子どもが「自主的にやりたいことをやる」のではなく、
「**大人がやらせたいことに応じる**」ようになり、主体性を削いでしまいます。
また、語尾が質問や提案の形式になっていたとしても、
言い方が「指示型」になっていたらＮＧです。

子どもと〝横に並び〟、フラットな目線で質問や提案をすると、

「自分で考えていいんだ」

「親は自分をサポートしてくれているんだ」

と感じて、子どもたちは安心して学ぶことができます。

親としては、心配する気持ちから
「子どもがこのまま進むと間違いそう」
と先回りして、つい断定するような言い方をしてしまうのですが、
そこはぐっとこらえて
「質問」「提案」の形式でコミュニケーションを取ってみてください。

上手な「フォロー」とは?

ゲームに取り組んだことをきっかけに
子どもの「学びたい欲(探究心)」に火がついたら、
親がサポーター役として活躍する出番です。

子どもが何か夢中になれるテーマを見つけたとします。

でも、ひとりで博物館には行けない。

書店で知りたいことが載っている本を膨大な類書の中から見つけられない。

そんなとき、サポート役は親にしかできないことです。


「あなたが興味を持っていた〇〇をあの博物館で見られそうだけど、行ってみる？」

「あなたの探している本はこの本かな？」

と、フォローしてあげてください。

また、インターネットで調べる意欲があっても、
欲しい情報にたどり着くまでのハードルが多く、
あきらめてしまうこともあります。
検索ワード選びがうまくできない。
どのページにほしい情報が載っているかを見極められない。
内容そのものが難解で理解できない。
そんなときは、
まず子ども自身にインターネット検索してもらったうえで、
「どのページがよいと思う？」
「どんなことが書いてあると思う？」

と問いかけながら、フォローしてください。

ポイントは、

子どもが主役であること！
親はサポート役に徹すること！

子どもの主体性と好奇心を伸ばしましょう。

ゲームが「学び」に変わる 7つのサポート

親は子どもの「探究（夢中で学ぶ時間）」を手助けする「探究サポーター」になってほしい。

これが私からのお願いです。

ゲームをきっかけに、子どもの探究心に火が付いたら「好き」「得意」へとその興味関心を深めていくためのお手伝いをしてあげてください。

具体的なアプローチ方法を7つご紹介します。

①「体験＋振り返り」を習慣に！

子どもと一緒に五感を刺激する経験を増やしましょう。
最初は月に1回程度でも構いません。
2章で紹介したゲームも体験的なものが数多くありましたが、
それ以外にも、博物館、アウトドアキャンプ、親子料理教室など、
子どもがワクワクする体験を探してみてください。
本やユーチューブなどで知識を得て、頭で理解するだけでなく、
実際に身体をつかって体感することで
「立体的な理解」が進みます。
その体験量を増やすほどに、子どもたちの中に
「探究の種」が植えられていきます。

大人は、言葉を通じた理解力があり、
さまざまな経験もしてきているので、直接体験しなくとも、
一次情報をもとにある程度頭の中で想像しながら学ぶことができます。

でも、言語理解力が乏しく実体験も少ない子どもにとっては、

まず「やってみること」が大切です。**子どもは目や耳など、五感で感じる認知力が高く、ひとつの体験からたくさんのことを学び、夢中になりやすい側面もあります。**

体験を選ぶときに大事なのは、**「親もやってみたいと思える体験」**であること。

一緒にやって楽しいことなら、親の楽しむ背中を見せることにもなりますし、親子でも面白いと思うポイントは違うので、同じものに対していろいろな観点を子どもと共有できるからです。

2章のゲームに取り組むときも同じで、**「親も一緒に楽しめているか」によって子どもの学びは大きく変わります。**

また、体験を終えた後、「面白かった」という感想で終わらせず、より具体的な感想や気づきをシェアしてみてください。

子どもの探究がより深まりやすくなります。

「どこが面白かった？」

「どんなところを不思議に思った？」

「今度は、何をしてみたい？」


問いかけに答える形で子ども自身に**「言語化して振り返るクセ」**がつくと、自分の興味関心がクリアになり、ひとつの経験を次に生かせるようになります。

②子どもをじっくり観察、記録しよう

子どもの「探究心」を伸ばしたいなら、日常生活で子どもをじっくり観察することも大事です。

子どものすることに対して、親はつい反射的に注意や口出しをしてしまいがちです。

でも、そうした行動が子どもの興味関心の芽を摘むことになります。

ぜひためしてほしいのが、

「今日一日は口出しをしない」

などルールを課して、子どものすることをじっくり観察してみること。
丸一日が難しければ、「夕食後から寝るまで」など、
数時間から始めてもよいと思います。

観察するときのポイントは3点。

・思考（何を考えているんだろう？）
・行動（何をしようとしているんだろう？）
・感情（どんな気持ちなんだろう？）

子どもがなぜそのような思考・行動をするのか、
理由や背景を子どもの立場で探ってみてください。

「**どうせこうだろうな**」

「**この子はこんな子だから**」

という先入観を取り除くことで新しい発見ができます。


そして、観察しながら、同時に次の2点を記録してみてください。

・疑問（なんで今日はあんな行動をしたんだろう？　なぜ気分が悪かったんだろう？）
・気づき（こんなことに興味関心が出てきたみたいだ。実はこんな側面があったんだ）

記録することで、自分の感じたことや考えたことを整理できます。
また、後から見返すことで「子どもの変化」を見つけることもできます。
子どもの様子をぜひ夫婦間でもシェアしてみてください。

③聞き上手になって、子どもの意見を引き出そう

観察して記録することにどんな意味があるのか？
そう思われた方もいるんじゃないでしょうか。
実はこれ、
良い質問をして、子どもの意見を引き出すための訓練なんです。
つまり、親のサポートで
子どものアウトプットを増やす練習です。

気づいたことや疑問に感じたことを、
「〇〇したのはどうして？」

「〇〇のどんなところが嫌なの？」

そう問いかけてみてください。


注意したいのは、子どもの行動が親にとって不快なものであっても、

「なんで〇〇しなかったの？」

という言い方にしないこと。

自分のしたことを否定されたと子どもが感じると、
本音を引き出すことはできません。


親は、つい子どもの話も聞かずに叱ってしまう。

これがよくありません。

「話を聞いてくれない」

「どうせ否定される」

「話してもムダ」

そんな感情をため込み、心を閉ざしてしまうからです。

親の質問に子どもが答えたら、
素直に受け取ってみてください。

子どもの発言が納得いくものでなかったとしても、です。

「自分が子どもの立場ならどうだろう？」
と、まず理解しようと努めてください。
子ども扱いしないことも大事です。

「お父さんはこういう理由で、こう思ったんだけど、どうかな？」
「じゃあ、こういう解決策はどうだろう？」
対等な立場で会話のキャッチボールを続けると、
子ども自身の考える力がつき、自立していきます。

親にとって納得がいかないことでも、
子どもにはちゃんと理由があったりするもの。
一方的な問いかけや指導ではなく、多少時間はかかっても、
落ち着いて子どもと向き合うことを
日常生活の中で心がけてみてください。

余談ですが、子どもと一緒に過ごしていて、
「直してほしい行動がなかなか改善されない」

と感じることはありませんか？

そんなときは、

親の価値観がしっかり共有できているか、疑ってみてください。

例えば、

「夕飯できたよ！」と声をかけてもなかなか自分の部屋から出てこないとき。

「呼んだらすぐ来てよ！」と叱るのではなく、

「**人を待たせることは、人の時間を奪うこと。迷惑のかかることだと意識してほしい**」

「**食事は家族みんなで顔を合わせる時間として大切にしたい**」

など背景にある価値観まで伝わっているか、ということです。

子どもは親の指摘の意図がわからないと、場当たり的だと感じてしまいます。

親が大切にしている価値観を共有し、

子どもからも意見を聞いてみましょう。

こんなシーンでも、対等な立場で会話のキャッチボールをすることが役立ちます。

お互いの考えていることを理解し合い、安心が生まれると、

子どもは自分の好きなことや興味関心に探究の意識を向けられるようになりますよ。

④わからないことは、親子で一緒に考えよう

勉強でも遊びでも、新しいことに子どもが取り組むとき、答えがわからなくて止まってしまうことがあります。

そんなときは、

親が答えを知っていても、答えそのものではなく、考え方やものの見方を教えるようにしてください。

「ここに注目してみたらどう？」

「こういう視点で見てみたらどうかな？」

そう問いかけるんです。

答えをそのまま教えてしまうことの問題点は、自分で考えなくなってしまうこと。

一方、考え方やものの見方を習得できれば、どんどん応用できるようになっていきます。

親のすべきことは、

「子どもが自立して学ぶ素地を作ること」

また、言葉で説明するより、
見本を見せたほうがいい場合もあります。
親がまずやってみせて、子どもに観察させ、
自分で気づけるよう促してみてください。
一回やってみせた上で「やってみる？」と聞けば、
子どもも「やってみる！」と答えるはず。
親がやってみせただけで、わかったつもりになる子もいますが、
必ず、実際に自分でやらせてください。
わからないことは自分でやってみて、初めて身につくからです。

例えば、初めての体験で、
子どもがぶつかっている問題の答えが
親のあなたにもわからなかったら、どうしますか？
簡単です。
子どもと一緒に親も考えてみるんです。

答えを先まわりして調べて教えようとする必要はありません。
これは2章のゲームに取り組むときにも
意識してほしいことです。

「お父さんはこう思うけど、どうだろう？」
「どっちが合っているかな？」
「一緒に考えてみようか」

などと言い合いながら考えると、
学ぶプロセスそのものが楽しいものになります。

また、〝お父さんと一緒に学んだ〟という体験とセットになって、
学んだ内容が子どもの記憶に残りやすくなります。

⑤「プロセス」を褒めよう

体験をした後、子どもにどうフィードバックすればいいのか？
結果ではなく、
プロセスをしっかりフィードバックしましょう。

やってしまいがちなのは、
「よくやったね」「だめだったね」と声をかけてしまうこと。
これは**「結果」に対してのフィードバック**。
子どもが「結果」ばかりを重要視する原因になります。

結果を出すということに必要以上に気を取られると、
子どもは自分や他人を結果で評価するようになります。
最悪の場合、結果を出すために〝ずる〟をして、
結果を取り繕うようになります。

ではプロセスにフィードバックした場合はどうでしょう？

「こういう姿勢はよかったね」
「ここ、うまく工夫したね」
「このやり方はちょっとよくなかったね」

という声かけで、プロセスを改善する視点が養われます。
結果が出ようが出まいが努力をするようになり、

プロセスそのものを楽しめる子どもになります。

また、フィードバックするとき、よかった・よくなかったというだけではなく、なぜそう考えたのかもきちんと伝えてあげてくださいね。

⑥価値観やゴールを共有しよう

子どもが好きなこと、興味のあること、やりたいことが見つかったら、**いつまでに何を目指すのか「目標設定」を手伝ってあげてください。**

子どもは目の前の好きなことに向かっていく力は強いものの、物事を俯瞰して見る力はあまり持ち合わせていません。

親にできることは、目標設定のときに難易度のレベルをコントロールしてあげること。

まずは子どもに委ねて挑戦をさせ、そばで見守る。

そのとき、今この子にとってちょうどいいレベルだろうか、簡単すぎないか、難しすぎないか、モニタリングしましょう。

現状のレベルとやっていることの間に差があると感じたら助け舟を出してあげてください。

関与しすぎると子どもは嫌になってしまうので、まずは任せて様子をみながら、状況に合わせてサポートしてください。

ちょうどよいタイミングをつかむのはなかなか難しいので、何度もサポートを行ううちに、ちょっと今回は入るのが早すぎたな、入るのが遅すぎたなと調整するようにしましょう。

では、どのような介入の仕方で、「適切な目標設定」をコントロールすればいいのでしょう？
目標が高すぎても
目標が低すぎても
探究の芽は育ちません。
ケース別に、例を挙げながら説明します。

「目標が高すぎる」ケース

エイスクールで、起業家・経営者になりきり、
自分のアイデアでお金を稼ぐことに挑戦する授業をしたときの話です。
まず目標を立ててもらうと、「10万円稼ぐ！」と言い出した子がいました。
実現性を考えずに自信満々で高めの目標を設定したか、
目標感がよくわからずに適当に設定したのでしょう。
それでも、せっかく自分で立てた目標を
すぐに変えさせるのはよくありません。
目標が高すぎる場合、
「10万円稼ぐには、このくらいのことをしないといけない」
と具体的な例を示し対話をくり返すことで、
最終的な目標と到達するための
細かな「中間目標」作りを支援します。

「目標が低すぎる」ケース

同じ授業で、自信がなかったり、失敗したくない

という意識が強い子どもは、
簡単に達成できそうな目標しか立てませんでした。
「売上500円」といった具合です。

この場合、まず目標を立てたことをポジティブに肯定し、
自信のなさも否定せずに認めてあげます。

「もっとできるでしょ」

「もっと目標を高くして」

などと言ってはいけません。


『売上500円』を第1ステップにして、達成したらさらに上の目標を目指そう」

「そこまで達成できたら、どんな気持ちになりそう?」

という声かけで、目標を引き上げることに前向きな雰囲気を作っていきます。


「目標を立てられるならまだいい。うちの子は、目標すら立てようとしない」

という親御さんもいるでしょう。

たしかに、投げやりな態度で適当に目標を立てたり、
目標を立てることから逃げる子もいます。

その場合、目標を考えること自体が面倒になっているので、

丁寧に対話しながら具体的な目標を立てましょう。

褒めたり、うまくフィードバックしたりしながら、
〝次も目標を立ててやってみたい〟
と思うよう促してみてください。

親自身も目標を立てて、
子どもと共有するのもおすすめです。

目標とする内容は違っても、一緒に努力する姿勢を見せることが、
子どもの気持ちを前向きにします。

例えば、エイスクールでは、
大学生に「メンター役（＝学びの伴走者）」として
授業に参加してもらい、子どもたちと互いに目標を共有します。
そのとき、
「**卒業論文を何日までに終わらせる**」
「**バイトでいくら稼ぐ**」
など大学生の個人的な目標を共有するケースもあります。

親子なら、

「お父さんは仕事の課題を何日までに終わらせる」

「家事を毎日●時までに終わらせる」

など仕事や家事の目標共有でもいいでしょう。

目標を共有することで
子どもたちは「自分だけじゃない」

とモチベーションを保てる場合があります。


人は今の自分のレベルより少しだけ上のことに挑戦しているときが一番夢中になりやすい。

1章のおさらいになりますが、
子どもの現状のレベルの「2割増し」
これを踏まえて目標設定するのがコツです。

⑦第三者の力を借りよう

さまざまなことを伝えてきましたが、

親がすべてを完璧にこなす必要はありません。
親は時間も、できることも限られています。
子どもの学びや人生を全部引き受けなくていいし、
責任を持たなくても大丈夫。
親子でもぶつかることはあります。
長い時間を一緒に過ごしているからといって、
誰よりもその子の可能性に気づき、
伸ばすためのサポートができるとは限りません。

- **体験の幅を増やす**
- **考える癖や対話の癖をつける**
- **一緒に学ぶ**
- **探究のきっかけを作る**

これらは、親の大きな役割ですが、
人生のどこかのタイミングで、
「親ではない第三者」から受ける影響が
子どもにとって大事になります。

第三者は特に、
特定のテーマに関する学びをさらに深めるとき重要な存在です。

エイスクールの生徒で、
アニメが大好きで声優に関心があった中学生の女の子がいました。
やがて、声優コースがある高校に進んだのですが、
積極的に外部のコンテストに応募したり、
プロの声優に直接学びに行ったりしていました。
「プロの声優」という「第三者」に出会ったことで、
声優という職業が、彼女にとって夢ではなく、
現実の目標になったのです。
彼女は今もプロを目指してどんどん突き進んでいます。

算数が好きで、親が算数の本や図鑑を買い与えていた小学生の男の子は、
やがて中学数学のレベルにまで関心を持ち、
親も教えられないレベルになりました。
4年生でエイスクールの中高数学クラスに入って微分積分を学び、
5年生のときには大学数学のレベルまで関心が進んでいました。

そこで紹介したのがある「数学の研究者」でした。

特別講座を開講してもらい、大学の理系学部で習う整数論を学びました。


第三者の存在は、子どもの探究をぐんぐん推し進めてくれます。

親だけで抱えすぎず、さまざまな分野のプロフェッショナルや、友人や地域の大人、学校や習い事の先生などをうまく頼って、子どもに刺激を与えてくれる「第三者」を探し、連携してみてください。

まずは、自分の住む町や近所の大学、NPO団体などが行うイベントやワークショップを見つけて、子どもを連れていくことから始めましょう。

そこに、思わぬ「第三者」との出会いがあるかもしれません。

とはいえ、
やはり子どもにとって家の役割はいくつになっても大きいもの。
子どもが外で嫌なことがあったとき、難しいチャレンジをしているとき、家が逃げ込める場所であり、落ちつける場所になるように、家庭内の空間作り・場作りをしてあげましょう。

「WHY?」が子どもの将来のヒントに!

子どもの「好きなこと」「得意なこと」を伸ばしてあげたい。
親ならだれもが願うことですよね。

その子にとって「夢中で学べること」
つまり「探究のテーマ」を見極めるポイントは、
「**なぜそれに夢中なのか**」です。

「この子は○○が好きで」という会話を親同士でするとき、
○○に入るワードは、
恐竜、電車、人形、対戦ゲームなどさまざまで、
ハマっている対象、「**何に夢中か**（WHAT）」
について話されることがほとんどです。

WHATも大事ですが、それ以上に注目してほしいのは、
「**なぜ夢中なのか**（WHY）」です。

例えば、恐竜や宇宙に夢中なら、
「その子は恐竜のどこに興味を持っていて、
それはなぜなのか？」
「恐竜の次に、宇宙にハマったのはなぜか？
共通点はあるのか？」
などと考えてみてください。

壮大なものごとに対する興味関心が強いのかもしれないし、
恐竜も宇宙も、たまたま面白い図鑑に触れただけかもしれない。
その場合、
「恐竜や宇宙が好き」なのではなく、
「図鑑を読むのが好き」ということなのかもしれません。

子どもの興味関心は移ろいやすく、
夢中になった対象（ＷＨＡＴ）が
そのまま大人になったときの仕事につながるケースは少ないでしょう。

ですが、

「なぜ（WHY）」は将来につながりやすい。

思考や行動の特性、興味関心の方向性は変わりにくいからです。

「なぜ（WHY）」の理由がわかれば、
親としてサポートもしやすくなります。

「HOW」から、タイプを見極めよう

「なぜ（WHY）」と同じくらい大切なのが、

「どのようなことに夢中になるか（HOW）」

という視点です。

「考えること」が好き
「作ること」が好き
「集めること」が好き

さまざまな「HOW」があります。

例えば、同じ宇宙好きでも、

「なぜ地球は回るのだろう?」

「どうやって地球はできたのだろう?」

というように宇宙の神秘を探るのが好きな子は、
研究者向きかもしれません。

「もし宇宙がこんなふうだったら？」
と想像することが好きな子は、
クリエイター向きと言えるでしょう。

このように、同じものが好きでも、関心の方向は人それぞれ。
「HOW」の視点で
子どもが夢中になれるポイント（**＝探究の入り口**）
を発見して、伸ばしてあげてください。

子どものタイプを見極めるための
HOWの視点は大きく分けて3つ。
細かくみていきましょう。

①考えることに夢中な子

まず、考えることに夢中な子。

自分の頭の中で考えるのが大好きな子のことですが、
この中でもいくつかタイプが分かれます。
どのように考えるのが好きなのか、
どう考える癖があるか、
じっくり観察してみてください。

●「**哲学**」**タイプ**
自分や人間について考えるのが好き。
自分が感じたことや考えたことについて思考を巡らせる。
思考が内側を向いている。

●「**科学**」**タイプ**
自然や機械などについて考えるのが好き。
自分が見たものや知ったことの仕組みや構造、背景について思考を巡らせる。
思考が外側を向いている。

●「**戦略**」**タイプ**
ゲームやパズルなど、ルールがある中でどうやって勝つかを考えるのが好き。

論理的思考が強い傾向。

●「発想」タイプ

自分なりの妄想を広げ、自由に枠を外して考えるのが好き。
クリエイティブな思考が強い傾向。

例

「科学」タイプの小学4年生の男の子

オリジナルの機械を考案し、そのプログラムをチャート図に書き出す『プログラマー』の授業で、消しカスを自動操じゅうで集めて消しカスボールを作る機械を発案。「ルンバのように自動で走行する機能」「消しカスかどうかを見極める機能」「消しカスが入ったら、それをもとにボールを作る機能」など複数の要素を組み合わせる必要がありました。毎回の授業で「どうやったらその機能を実現できるか」と徹底的に考え続けてチャート図を完成させ、諦めずに考え続ける思考体力、論理的な思考を身につけました。

②作ることに夢中な子

次に、手を動かして何かを作り出すのが大好きなタイプ。

この「作る行為にハマる子」も、やはりいくつかの分類があります。

●「アート」タイプ
感情や感性など抽象的なものを対象に、
自分の内側にある世界観を表現するのがとにかく好き。

●「デザイン」タイプ
○○することができるものや、○○を解決できるものなど、
何かしらのミッションに対してものを作るのが好き。

作るものの特性や作り方を観察することで、
さらに細分化することもできます。
紙や道具など触れられるもので作るのが好きな
「アナログ」タイプか、
テクノロジーを使って表現するのが好きな
「デジタル」タイプです。
「アート×アナログ」タイプと
「デザイン×デジタル」タイプの

子どもたちの例を紹介します。

例

「アート×アナログ」タイプの小学3年生の女の子

現実にあったらいいなという建築を想像し、それを設計図に落として、最終的に建築模型を作りだす『建築家』の授業に参加。自分がふわふわという感覚に包まれたいという一心で、疲れた人が癒やされに来る、ふわふわした空間が特徴的なホテルを考案・設計しました。模型の技巧にこだわる子が多い中で、感覚を作品にしようという独自の視点が印象的でした。

例

「デザイン×デジタル」タイプの小学5年生の男の子

電子工作のワザを身につけ、それを活かして作品作りに挑戦する『エレキエンジニア』の授業で、お風呂の水がいつ溜まったかがわからないという自宅の課題を解決するオリジナルの作品を作りました。バスタブの中に置かれたペットボトルが、水が溜まると浮かんでいって電気回路を作り、「ピーッ」という音がリビングで聞こえるというもの。試行錯誤の末にアイデアと技術で現実の課題を解決し、大喜びしていました。

③話す・聞くことに夢中な子

続いて、話す・聞くことが大好きな子をタイプ別に分けてみます。

●「対話」タイプ
コミュニケーションを取ること自体が好き。
どちらかというと内容よりもお互いの関係性が深まることに関心が強い。

●「議論」タイプ
お互いの考えをぶつけあって、考えを深めたり、論理を構築したりすることに関心がある。

さらに細分化するなら、
「自分の考えを相手に伝えたい」タイプと、
「他の人の考えを知りたい」タイプがいます。
「伝えたい」タイプは、いずれプレゼン好きになるかもしれませんし、
「知りたい」タイプは、取材好きになるかもしれません。
「対話×知りたい」タイプの
子どもの例を1つ紹介します。

例

「対話×知りたい」タイプの小学4年生の男の子

『起業家・経営者』の授業で、自分で考えたお店を開店するとき、エイスクールに来る保護者たちに、どんなものを食べたり飲んだりしたいか、それはなぜか、など詳しくアンケートを取り、メニューや値段を決めるのに活かしていました。開店後も「こういう商品はどうか」と提案したり、お客さんになった大人の感想を聞いたりして繰り返し改善。もともとしゃべるのは好きな子でしたが、自分の商品を売る経験を通して、目的を持って会話をすることへの興味が増していきました。

紹介したのは、あくまで主要なタイプです。
他にも、いろいろな切り口が考えられます。

- **「収集」タイプ　＝何かを集めるのが大好き**
- **「実験」タイプ　＝自分でいろいろと試すのが大好き**
- **「運動」タイプ　＝身体を動かすのが大好き**

子どもがどんなことに、どのように没頭しているのか、
それはなぜか、どんな共通点があるのか、
その興味関心はどう変化してきているか、
踏み込んで観察することで、
子どもに対する理解は深まり、
進路や将来を考えるときにも役立つはずです。

探究の火が「持続しやすい子」「発散しやすい子」

子どもの「好き」「得意」を伸ばしたい

と願う親御さんから、こんな相談をよく受けます。

「うちの子、飽きっぽくて、なかなかひとつのことを長く続けられないんです」

「せっかく何年も夢中になって上手になったことを、急にやめちゃって……」

『興味関心が持続しない』という悩みです。

せっかくついた〝探究の火〟は

できるだけ消えずに持続してほしいものですよね。

しかし、

「もう少し頑張ったほうがいいよ！」

「今やめたら、もったいないよ！」など、

無理やり継続させようとするのは禁物です。

理由は2つあります。

1つは、夢中には波があるから。

我を忘れて没頭している期間もあれば、

その勢いが落ち着いてくるタイミングも必ずあります。

人の気持ちにも浮き沈みの波があるように、
上昇しているときもあれば、下降しているときもあり、
それを止めるのは難しいものです。
興味の限りやり尽くして完全に飽きてしまうこともありますが、
一時的に停滞する時期を経て、
また興味を取り戻して没頭し始めることもあります。
何度もお伝えしてきましたが、その長さにかかわらず、
「何かに没頭した経験」そのものは必ず人生の糧になります。
目の前の〝探究の火〟に執着しすぎず、
ぜひ静かに見守ってあげてください。

もう1つは、**興味関心が「持続しやすい子」と「発散しやすい子」がいるということです。**
「持続するほうがいい」と思われるかもしれませんが、
そうとも限りません。
「興味関心が発散しやすい」ということは、
いろいろなことに関心を持って挑戦できるということ。
実は、興味関心が持続しやすい子の親御さんが

「●●にしか興味関心を持てなくて……」


と悩むことも多いのです。

どちらもないものねだりなのかもしれません。

探究と聞くと、「ひとつのことにじっくり取り組む」イメージを持たれる方が多いようなのですが、ご安心ください。

私も興味関心が発散してしまうタイプで、20代半ばまでひとつのことを長く続けられた経験がありませんでした。

ですが、いろいろなことに興味関心を持って取り組んできたことは大きな財産になっています。


子どもの「好き」「得意」を伸ばすにはどうしたらいいか、エイスクールでの実践をもとに書いてきましたが、正解はありません。

子どものタイプによって適した方法は異なりますし、サポートする親御さんにとってあう方法・あわない方法というのもあります。

また、よい形でサポートしていても、結果がすぐに出るとも限りません。

気負い過ぎず、じっくり時間をかけて楽しく試行錯誤を続けてみてください。

column ③

時代の変化に負けない力とは?

私たちの生きる社会は今、急速に変化しています。その発端となったのが、20世紀に登場し、一気に普及したインターネット。

工業社会から情報社会となることでグローバル化が進み、複雑で先の読めない時代に突入しました。

インターネットが登場する以前の時代で活躍していたのは、答えの決まった課題を正確にこなす力や計画を立てて遂行する力、効率的に物事を進める力を持った人材です。

ところが、社会の変化はそうした人材を「オールドタイプ」にしてしまいました。

今の情報社会、そしてさらに一歩進んだ数十年後の「**課題を解決し、価値を創造する社会**」で求められるのは、問題に答える力よりも問題を自分で発見する力を持った人です。つまり、**新しい価値を生み出す力を持った人**。計画を緻密に立てるのではなく、**とりあえず実験して試行錯誤する力を持った「ニュータイプ」の人**なのです。

「ニュータイプ」になることは、仕事で価値を出す上で必要なだけでなく、幸せな人生を歩んでいくことにもつながります。どこに向かって人生を歩んでいくのか、何を大切に生きるのかは自分次第。自分にとって幸せとはどんな状態なのか、人生のビジョンをどのように描くかで人生の満足度が大きく変わっていく時代です。

このような話を聞いて、子どもの将来を不安に感じる人や、子どもに何をさせたらいいのかわからなくなる人は多いのではないでしょうか。教育界やメディアからは危機感を煽る発信もあり、どうやってこの時代を乗り越えたらいいのか、答えを知りたくなるでしょう。そういう状態こそがまさに正解思考に陥っている証拠です。今の親御さんの年代は「オールドタイプ」が活躍する時代を生きてきた方が多いので仕方ありません（私もそうです）。だからといって、子どもに対しても同じマインドや姿勢で接してしまうと、子どもたちをオールドタイプにしてしまいかねません。そうならないよう、一緒に新しい答えを探っていきましょう。

さまざまな世間の声に踊らされることなく、自分が面白いと思うからやってみる、自分がこだわりたいと思うからこだわる、自分はこれを大事にしたい。そんなふうに「探究」のマインドを持って、自分の考えや感覚をもとに日々学び、生活していくのが、「ニュータイプ」への近道です。

4章

親の「探究する姿」を見て、子は育つ

言葉より、「親の背中」で伝えよう

「**夢中になって学ぶ姿勢＝探究心**」を育ててあげたい。
「**探究的な学び**」を子どもに受けさせたい。
そう思ってエイスクールの門を叩かれる親御さんの中にも、
2つのタイプがいます。

- **「頭」で探究の大切さを理解している人**
- **「頭でも身体でも」探究の大切さを理解している人**

「頭でも身体でも」理解している人とは、
親自身も日常的に楽しく探究しているということ。
探究の力が伸びていくのは、
こうした家庭の子どもたちです。

なぜ、親も探究する必要があるのでしょう？
「**探究が大切**」と言う親自身が探究をしていなければ、
探究の本質は子どもに伝わらないからです。

子どもは親をよく見ています。

「頭」で探究の大切さを理解している人の場合、
「これからの時代に必要だから」
「自分の好きなことをして生きてほしいから」
「将来の可能性を広げてあげたいから」
と、子どもを思う気持ちは強い。

でも、残念ながら親自身が探究的ではないケースがほとんどです。

一方、「頭でも身体でも」探究の大切さを理解している人の場合、
好きなことや興味関心のあることへの探究
を親自身が実践しています。

すると、その姿を見た子どもにも、
探究するのは面白いことだ！
というメッセージが自然と伝わっていきます。

エイスクールの『起業家・経営者』の授業で

仕事や商売をテーマにした探究学習をしたときの話です。

ある小学4年生の女の子はアクセサリー屋でお金を稼ぐことに決めました。

その子のお母さんは、ものづくりの仕事をしていたので、

「いくらくらいで売ったらいいかな？」

「パッケージはどうしよっか？」

と自分の経験を共有しながら商売の工夫について話し合い、
自宅で盛り上がったと教えてくれました。

また、『ゲームデザイナー』の授業にハマった男の子のお父さんは、
子どもに影響を受けていろんなアナログゲームを大人買い。
毎日家族で遊びました。
すると、
「このゲームはこんなところが面白い」
「こういうゲームを作るとしたら、
あのゲームが参考になるんじゃないか」
と父子でゲーム研究が始まったそうです。

家庭でこうした会話が弾むと、

子どもは探究を一緒に面白がるようになります。

他にも、
エイスクールが授業テーマに合わせて紹介している推薦図書を
すべて図書館で借りて来ては、親御さんが夢中になって読んでいるご家庭がありました。

するとなにが起きたのか。
子どもも自然と本を手に取り、読み始めたんです。
「読みなさい」とは一切言わず、
ただ夢中で本を読むお母さんを見て、
「**なんか、楽しそう**」「**お母さんだけずるい〜**」
と影響されたのでしょう。

家の中に「探究人」を増やそう

探究にハマっていく子どもに刺激されて、兄弟姉妹の行動が変わる例もあります。家庭の中に探究人が増えていくほど、探究サイクルの好循環が起こるのです。

知識や方法論は、言葉でわかりやすく面白く教えることができます。一方で**探究心は、身体から自然とにじみ出る雰囲気や普段の姿勢**から伝わります。

親が「探究は大事」と言いながらも、深く考えず、すぐスマホでグーグル検索していたり、創造的な休みの過ごし方をしていなかったり、「早くやりなさい」「ちゃんとやりなさい」と闇雲に叱ったり……。

そんな姿から、親の思いは子どもに届きません。とくに小学校低学年までの子どもは、非言語のコミュニケーションから大きな影響を受けます。

「言葉よりも親の雰囲気や態度」

が見られていると意識しましょう。


「**子どもに探究心を持ってほしい**」

「**これからは探究が大事だ**」

そう思っていただけたなら、

「**親である自分自身は探究しているかな？**」

「**探究心を持って日々生きているかな？**」

と自問自答してみてください。

そして、
日々の小さなことから、自分なりに探究してみてください。

趣味を徹底的にやってみるのもいいし、
仕事の中で面白がれるポイントを探すのもいい。

自分の中の探究心に火をつけると、
その火は周りに伝染していくものです。
探究とは「新しい学びの方法論」

だと思っている人も多いのですが、
そうではありません。
「探究」とは、生き方であり、暮らし方であり、人としてのあり方です。

親も「探究」を楽しもう！

仕事そのものが趣味と一致しているという人はともかく、趣味があっても、子育てや仕事、勉強などで忙しく、時間を作れないと感じている人もいるかもしれません。

でも、好きなことに打ち込む時間は本当に大切です。

好きなこと、興味関心のあることに徹底的にエネルギーを注ぐと、満足感が得られ、他のことにもポジティブに向かうマインドが生まれます。

結果として、仕事やそれ以外の時間の過ごし方も充実していきます。

空き時間にただ休むだけなんて、もったいないことです。


「そもそも趣味がないから」

という声も聞こえてきそうですね。
勉強や仕事、子育て、家事をずっと頑張ってきたから、
「自分が好きなこと」「興味あること」が何かわからない人。
なんとなく面白そうというものはあっても、
打ち込むほどには強く惹かれない人。

いずれも、
好きなことを追いかける「探究の習慣」がついていないだけかもしれません。

誰にでも子どものころは「好きなこと」があったはずです。
昔好きだったことを思い出して、久しぶりにやってみるのもいい。
友人が趣味でやっているスポーツを一緒にやってみるのもいい。
共通の話題ができて、興味に従っていくうちに
気になることやこだわりたいことが出てくる。

それが、「探究の入り口」です。

例えば、編み物を始めたとして、
毛糸の素材、編み物の歴史など、
編み物から派生する事柄の中で自分がどこにハマるのか、
自分の興味関心を観察しながら楽しんでください。
大切なのは、フットワークの軽さ。
始めてみると、新しい面白さに気づき、興味関心が広がります。
ぜひ、最初の一歩を踏み出してください。

趣味で始めた手作りのバッグが売り物になれば、
仕事につながるかもしれません。
新しい仲間との出会いがあるかもしれません。

大切なのは、それによって何が得られるかという
「結果」ではなく「プロセス」を徹底的に楽しむこと。
探究の姿勢を作るきっかけとして、
趣味は一番おすすめです。

子育てや家事で探究してみる

子どもの成長や笑顔を見るのは楽しいけれど、
日々の子どもの世話や家事は大変で、
楽しさより辛さのほうが大きくなっている人もいますよね。
それは**子育てや家事が、**
「やらなければいけないタスク」になっている状態です。

ぜひ、

「子育てや家事の中で、自分が楽しいと心から思うこと」

「子どもや家事に関することで、探究したいこと」

を作りましょう。

「頑張らないと」という義務の意識から、

「面白い」という探究の意識に変えるだけで、
日々の体感は大きく変わります。

子育てや家事の中で楽しめる要素を探し出せた人は、
そこを強化してみてください。

おしゃべりが好きなら、
毎日子どもや家族としゃべる時間をゆったり取ってみる。
あるいは「家族会議」を習慣やルールにするのもいい。

ある生徒のご家庭では、家族の中で順番にボールを回し、
ボールを持った人が「今日の楽しかった出来事」を話すルールを作って、
その時間がとにかく楽しくなるように工夫していました。

料理が好きな人は、他の家事はちょっと手を抜いて、
毎日どんな料理を作ろうか、考えたり工夫する時間を増やすのもいい。

得意なことや好きなことが特にない人は、
「子育て〝を〟楽しむ」ではなく、
「子育て〝で〟楽しむ」のもおすすめです。

例えば、私自身は1児の父ですが、
家事も子育ても苦手です。
複数の作業を同時にこなせず、妻にいつも迷惑をかけます。

でも、子育てそのものは楽しいと感じています。
子育てを「学問的に楽しんでいる」からです。
もちろん、子どもの笑顔に癒やされる
ということが大前提ですが……（笑）。

例えば、息子が0歳のとき、
ドアの開け閉めにぴくりと反応したのを見て
「音を認識できるようになったな」とか、
手をグーパーとしか動かせなかったのが、
「指の一本一本をバラバラに使えるようになったな」とか、
ちょっとずつ何かをできるようになっていく姿を観察して、
「脳内にこういう回路ができたんだろうな」
「まだこの区別はついていないんだろうな」
と生物学的に分析をして楽しんでいます。
これは、私が大学時代に生物学・心理学を学んでいて、
そうした観点でものを見るのが好きだからです。

難しく聞こえたかもしれませんが、

私にとってはこれも趣味。
楽しんでやっているだけなのです。

デザイナーの知人は、子育てとデザインを掛け合わせて楽しんでいます。
ドライヤー、カメラ、掃除機など、子どもが関心を持った機械を
ダンボールで子ども専用の遊び道具として作り出していくのです。

私の場合は「**子育て×生物学**」、
知人のデザイナーは「**子育て×ものづくり**」。

やらないといけないことに、自分の好きなことを掛け合わせてみて、
それを楽しむ発想はとても「**探究的な工夫**」の仕方だと感じます。
ぜひあなたも、
「**子育て×〇〇」の〇〇に何が入れられるか**
考えてみてください。

仕事を楽しむことも、オトナの探究

親自身が探究のマインドを持つことを
お話ししてきましたが、仕事も同じです。
「やらなければならない」という意識で仕事をするのか、
自分の成長や貢献、仕事のやりがいなど、
楽しめる要素を仕事の中に作れているか、
前者と後者の表情は大きく違います。

外部評価や報酬だけを目的に働く時代は終わり、
自分のモチベーションを軸に働く時代が来ています。
自分のモチベーションをもとに自ら「仕事を作って働く人」は、
社会の中で自分が価値を出せる場所を見つけやすく、
結果的に活躍する機会も多くなります。
探究すればするほど、
「価値を生み出すこと」に近づいていくのです。

親が仕事を楽しんでいる姿を子どもが見ると、

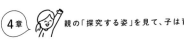

好きなことに安心してエネルギーを注ぐようになります。

「**仕事って面白いものなのかもしれない**」

と思うようになるかもしれません。

もし、親が仕事に対するネガティブな雰囲気を家庭で出していたら、要注意です。

心当たりのある人は、小さなことから行動を変えてみてください。

一緒に「探究」を楽しむ気持ち

この本の中で何度も繰り返してきましたが、2章で紹介したゲームや、日々の探究に挑戦するときにもっとも大切なことのひとつは、

「**大人も子どもと一緒に楽しむこと**」です。

エイスクールの新人メンター（＝学びの伴走者）の大学生がよく陥るのは、
子どもたちをサポートしなくては！
という気持ちが強く出すぎて焦ってしまい、
結果的に子どもたちに何かをやらせようとしたり、

うまくいかないときに厳しいことを言ってしまって、
学びの火を止めてしまうことです。

そういうメンターに私はいつも、

「まずは自分自身が楽しんでみなよ！」と声をかけています。

メンター自身が子どもたちのサポートを忘れるくらい
課題に熱中しだすと、逆に子どもたちが
「何？　それ？」

「それ、どうやるの？」

「おもしろーい」

と寄ってくるようになります。

子どもたちは、大人の態度にとても敏感です。
「この人は自分に何かさせようとする人」
という上下関係を感じ取るとすぐに殻を閉じますが、
完全にフラットな関係性を作り、
「一緒に楽しむ仲間」と認識してくれると、
急にオープンになってくれます。

もうひとつは、
「**本気で楽しむ背中を見せる**」こと。
子どもたちはなによりそこから
刺激や影響を受けていくんですよね。

家庭で探究をする場合、この2点が難しいものです。

●フラットな関係作り
●本気で楽しむ背中を見せる

親子なので普段の生活では
どうしても上下の関係が生まれてしまうかもしれません。
探究に向き合う時間だけは、その関係を崩し、
フラットな関係で一緒に取り組めるか
それが「成功の分かれ道」です。
そして、子どもに一方的にやらせるのではなく、
一緒に自分も本気で取り組めるかどうか。

たくさんの親御さんから、
「子どもの探究をどうやってフォローすればいいですか？」
と聞かれますが、
「フォローしてあげよう」から
「一緒に探究を楽しむ気持ち」への転換
が最初に必要なのです。

親が子どもと一緒に探究を楽しむマインドを持ち、
自らも本気で楽しむと、
ご家庭の中でも、子どもたちは
「夢中で学びを深めること（＝探究）」
に前向きになるはずです。

番外編

研究者になりきって、夏休みの自由研究

「小学校の夏休みの宿題の定番、自由研究。

それを本当に自由にやっちゃおう！」

エイスクールの『研究者』という授業の冒頭で、私は子どもたちにこう言います。

毎年夏休みになると、「子どもの自由研究、どうサポートしよう」

という相談をたくさんの親御さんから受けるので、ここで授業の内容を少しご紹介します。

今年の自由研究のヒントにしてみてください。


『研究者』の授業では、「なんか気になる」という子どもの素朴な気持ちを大切に、問いや仮説を考えることにじっくり時間を使い、実験を設計して仮説の検証を進めます。

答えにたどり着くかどうかより、「研究」というプロセスを大事にして、物事の真理を追いかけ続けるプログラムです。


例えば、夏休みに自分が大切に飼っていたカブトムシが死んでしまった子は「なぜカブトムシは死んだのか」を研究テーマに掲げ、

カブトムシの仕入れ先から食事、生育環境など、死因になりそうな事柄を考え付く限り検証しました。

複数匹飼っていたので、死ななかったカブトムシと何が違ったのかを比較し、自分の家と他の家でのカブトムシの死の事例も聞き取り調査を行いました。


筋肉の研究をした子もいました。

運動が大好きな子なのですが、夏に海へ遊びに行ったときに屈強なサーファーたちをたくさん見た経験から、「マッチョになるにはどうしたらいいのだろう？」という疑問を研究テーマにしました。

「筋肉はどういう成分でできているのだろう？」という問いにたどり着き、限りなく筋肉に成分が近いものを作りたいという思いで成分を調査し、その再現に挑戦しました。

様々な化学物質と水をかきまぜて、疑似「筋肉」をペットボトルの中に作り、研究発表会で展示しました。


他にも、「スライムを凍らせたり燃やしたりしたらどうなるか」を研究した子や、公園にいる虫の数の変化を毎日記録して調査した子、条件を変えて何度もボウリングを行い、結果を比較した子もいました。

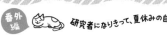

「わかったとしてそれは何になるの？」

「本当に答えがわかるの？」

というアイデアでもまったく問題ありません。

むしろ、そういったものこそ研究しがいがあるものです。

子どもたちの中には、純粋な好奇心がたくさん詰まっています。

親の「その研究はちょっとどうかな…」という心配をよそに自ら設定した課題であればとことんうちこむことができます。

だからこそ、最初のテーマ設定がなにより大切です。

ぜひ子どもが心から研究したいことを引き出して、思い切りやらせてみてください。

STEP 1 気になることをたくさん書き出そう

まずは研究テーマを設定します。

なんとなく気になるもの、関心があるものについて、

「なぜ？」

「誰が？　誰に？」

「何が？　何を？」

「いつ？」

「どこで？」
「どのように？」
「どのくらい？」
という問いをたくさん考えて、書き出していきましょう。
ノートに書いてもいいですが、
付せんを使って1枚にひとつの問いを書いていく形式の方が、
子どもたちは書きやすいことが多いです。
最初から良い問いを出さないと…
と気負うとなかなか良い問いが出ませんし、楽しくありません。
まずはどんな疑問でもいいので、たくさん書いてみてください。
兄弟姉妹がいれば、このプロセスは一緒にやる方が、
さまざまな意見が飛び交い、
問いに広がりが出るのでオススメです。

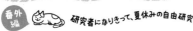

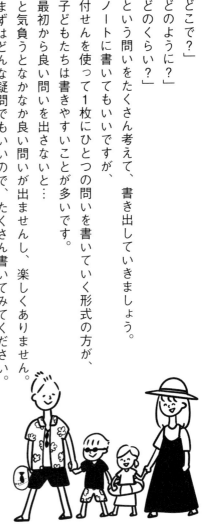

付せんの例

うちの
カブトムシは
なぜ死んだ?

カブトムシの
体調って
どのように判別
したらいい?

カブトムシの
エサは
どんな成分で
できている?

カブトムシは
どんなエサが
好き?
嫌い?

カブトムシは
どんなことに
ストレスを
受ける?

カブトムシを
見つけるため
の極意って?

STEP 2 研究方法を探そう

問いをたくさん出せたら、特に気になるものを2つか3つ選びます。

続いて、その問いを確かめるための研究方法をインターネットや本で探してみましょう。

研究方法は、

「実験してみたら面白そうなもの」

「実験しがいのあるもの」

という基準で選んでください。


気になる問いでも、少し調べるだけですぐに解決してしまうものも多々あります。

先程の「カブトムシの死」や「筋肉」の研究をした子の場合、
2人とも調べてすぐにわかることではなく、
実験して自分で確かめないとわからないことに挑戦しました。

「教科書や本・インターネットではこう書いてあったけれど、実際にやってみるとどうなるだろう？」

そんな問いかけをしてあげてください。

そこから、

「なぜ違いが出たのか？」

「なぜ失敗したのか？」
検証して学んでいくことができます。
研究方法を選ぶのは子どもだけでは少し難しいので、
ぜひ親がサポートしてあげてください。
注意点はこのＳＴＥＰ２からスタートしないこと。
「気になること」ではなく「やれそうなこと」から
研究に入ってしまう場合が多く見受けられますが、
それでは本質的な探究の学びにはなりません。

STEP3 研究の進め方をまとめて準備に取りかかろう

自分の問いを確かめるための実験方法を決めたら、
実験の手順や必要なものについての詳細を研究計画シートにまとめましょう。
既存の実験方法をアレンジする場合は、
アレンジして何が変わるのかを確認しましょう。

また、一から自分で実験方法を考える人は
似ている実験を参考にしてしっかり確認しましょう。
この実験をしたらどんな結果になりそうか、

仮説（予想）を立てておくことも
重要です。
そうすることで予想が外れたときに
「なぜ外れたのだろう？」
と考える機会が生まれます。

計画がまとまったら、
必要なものを準備して、
いよいよここから実験本番です。

TRY 研究計画シート

①問い（一番気になる「？」）

なぜうちのカブトムシはすぐに死んでしまったのだろう？

②仮説（自分なりの問いの答え）

100円ショップで買った安いエサを与えたから（死ぬ前に下痢をしていたため）

②研究方法（仮説の確かめ方）

実験・観察
どちらかに○をつけよう

カブトムシを新しく飼って、いろいろなエサを与えて比べてみる

④予想される結果

100円ショップのエサを食べると、カブトムシの体調が悪くなる

⑤意気込み（頑張りたいこと・工夫したいこと）

カブトムシの死の真相を解明したい！！！

STEP 4 実験してみよう

実験するときは、失敗も含めて必ずすべての結果を記録しましょう。
数値データはもちろんのこと、
可能であれば写真や動画も残すようにしてください。
研究においては「再現性」がとても大事だからです。
一度の実験結果は、確率の低い偶然の可能性があります。
繰り返し行える実験の場合は、
複数回の実験を行い、データの平均値を取ることで
正確な結果に近づけることができますし、
外れ値を分析することで見えてくることもあります。
実験結果を踏まえて、
「この場合はどうなんだろう?」
「こうしたら結果は変わるだろうか?」
という疑問が湧いてきたときには、ぜひ追加の実験をしてください。
プロの研究者も、そうやって何度も実験を繰り返しながら、
新しい発見を生み出しています。

STEP5 研究結果をまとめよう

考えられる実験をし尽くして、最初に設定した問いが解消されたり、最初の予想とは全然違っても何らかの発見が生まれたら、まとめに入りましょう。

「初めての人にもわかりやすいか」という視点で結果をまとめると、研究そのものの理解も深まります。

エイスクールで使用している「研究結果まとめシート」を参考に1冊のノートや大きな模造紙、クリアファイルなど好きな形式で研究内容をまとめれば、立派な夏の自由研究になります。

ぜひ、好きなテーマを掲げて、チャレンジしてみてください。

TRY 研究結果まとめシート

研究テーマ シンプルにわかりやすく伝えよう！	研究の背景 なぜこの研究をしようと思った？
なぜうちのカブトムシはすぐに死んでしまったのだろう？	飼っていたカブトムシが死んでしまい、悲しかったため

問い・仮説 特に何を確かめたかった？	調査方法・結果 調べたこと・わかったことの中から何をポスターに載せる？	考察 どんなまとめがいいだろう？
▼問い カブトムシはエサの種類によって体調が変わるか？ ▼仮説 安いエサをあげると、体調が悪くなりやすい（昆虫ショップの店員いわく、安いエサは水分が多すぎるらしい）	▼方法 ・5日間ずつ期間を分け、カブトムシに成分が異なる3つのエサを与える（100円ショップ、昆虫ショップ、ホームセンターに売っているもの） ・毎日カブトムシの糞の様子や体調（動き）を観察し、記録する ▼結果 ・特にエサによる変化は見られなかった	・日光やストレスなど他の原因によるものかもしれない ・エサの影響ももっと長期間実験すれば出るかもしれない

著者／岩田 拓真

株式会社エイスクール（a.school）代表取締役校長 兼 クリエイティブ・ディレクター。成績アップや受験合格のためではなく、子どもの興味関心を広げて深める「探究学習」に特化した学習塾エイスクールを2014年に開校（東京・本郷）。また、そこで開発した探究学習プログラム「なりきりラボ®」「おしごと算数®」（グッドデザイン賞受賞）を全国50以上のパートナー校で提供している（2021年6月現在）。経済産業省、リクルート、河合塾、明光義塾、博報堂、京急電鉄など企業・行政とのコラボレーションも多数あり、新しい学びを作り出す次世代型教育企業として注目を浴びている。京都大学総合人間学部卒、東京大学大学院工学系研究科修了（工学修士）。経営コンサルティング会社Boston Consulting Groupを経て現職。1児の父親。電車と車に夢中で、自分の妄想の世界を止めどなく話し続ける息子の言動に日々癒やされている。

「ゲーム考案」協力／星 功基

慶應義塾大学環境情報学部卒（佐藤雅彦研究室所属）。佐藤雅彦研究室でピタゴラスイッチ等の制作、ベネッセコーポレーションで理科や数学の教材開発に携わる。現在は「学びの表現作家」として活動し、エイスクールにてアウトプット型探究の研究開発をしている他、ことばの表現ユニット二歩として絵本『ことばサーカス』（アリス館）を出版するなど、子どもたちに学びと表現の面白さを伝えようと奮闘中。

取材・執筆／磯木 淳寛

一般社団法人picobirds代表／房総メディアエデュケーションプロジェクト発起人。「問い」を起点に学ぶ知的冒険授業「自由の教室」「房総すごい人図鑑」を開発し、公立中学高校で実施。生徒発案のアイデア実現と商品開発にも取り組む。大学や自治体での特別講師をはじめ、地域ブランディングや企画構想等について講演多数。千葉県教育委員会主催『学びの「総合力・体験力」コンテスト』優秀賞受賞。著書に『「小商い」で自由にくらす』（イカロス出版）。

おわりに

勉強を教えない、子どもたちの探究をサポートする新しいカタチの学習塾を作って早７年が経ちました。開校当初から一部のメディアや保護者の方に注目いただき、累計で数千人の子どもたちにプログラムを届けてきました。

しかし、全国で１学年あたり約１００万人の子どもたちがいることを考えると、ほんの一部の子どもたちにしか探究の学びを届けられていないということになります。

自分たちの教室だけでなく、ビジョンを共有する全国のパートナーと連携して拠点を増やしているものの、『質の高い「探究の学び」を普及させる』というミッションの到達には程遠い現状があります。


また、学習塾・習い事としてやれることの限界にも気づきました。

それは、子どもたちの人間的な成長において、家庭の影響が一番大きいということです。

私たちがいくら子どもたちの探究心に火をつけることができたとしても、家庭の中に探究を大切にする文化がなければ、火は簡単に打ち消されてしまいます。

授業で「わぁ、面白い！」と目を輝かせていたのに、家庭に戻り次の週になったらその輝きを失っていることが多々ありました。

一方で、授業でハマったことを家族と話して大いに盛り上がり、家庭で探究の火が何倍にも大きくなって戻ってきたこともあります。
お母さんやお父さんのほうが夢中になってしまったなんてことも珍しくありません。
そうした経験を通じて、我々はあくまで探究のサポーターであり、
家庭こそが探究の土台なんだと思うようになりました。

では、自分たちには一体何ができるのだろうか……。
そう考えてたどり着いた一つの答えが「本を書くこと」でした。
エイスクールに通うには時間もお金もかかりますし、近くに教室がない方や、
そもそもこういった学びがあるんだということを知らない方も多いでしょう。
教室で直接子どもたちに向き合うほどの影響は与えられないとしても、
本という媒体を通じてたくさんの人に対して「探究の学び」のきっかけくらいは
提供できるかもしれない。そう思って筆を取りました。
本を書くプロではないので、本ができあがるまでに多くの試行錯誤がありましたし、
完璧なものが仕上がったとは思っていませんが、どうしたら多くの方に
「遊びやゲームのように、気軽に家の中で探究をしてみようかな」
と思ってもらえるかを自分なりに探究し続けてきました。
本書が、みなさんの暮らしや人生を
少しでも豊かな学びであふれたものにするきっかけとなれば幸いです。

Staff

イラスト	むぴー
デザイン	大塚 さやか
校正	有限会社 滄流社
ゲーム考案協力	星 功基
取材執筆	磯木 淳寛
編集	芦口 由佳

「勉強しなさい」より「一緒にゲームしない?」

著 者 岩田拓真
編集人 栃丸秀俊
発行人 倉次辰男
発行所 株式会社主婦と生活社
〒104-8357 東京都中央区京橋3-5-7
編集部 TEL03-3563-5130
販売部 TEL03-3563-5121
生産部 TEL03-3563-5125
https://www.shufu.co.jp
製版所 東京カラーフォト・プロセス株式会社
印刷所 大日本印刷株式会社
製本所 下津製本株式会社

ISBN978-4-391-15602-7